중학생을 위한
역사 공부 고민 상담소

중학생을 위한
역사 공부 고민 상담소
ⓒ 김민주·박순화·윤상민·정태윤·조재혁 2025

초판 1쇄	2025년 7월 17일	
초판 2쇄	2025년 11월 19일	

지은이   김민주·박순화·윤상민·정태윤·조재혁

출판책임	박성규	펴낸이	이정원
편집주간	선우미정	펴낸곳	도서출판 들녘
기획이사	이지윤	등록일자	1987년 12월 12일
디자인진행	조예진	등록번호	10-156
편집	이수연·이동하·김혜민	주소	경기도 파주시 회동길 198
경영지원	나수정	전화	031-955-7374 (대표)
제작관리	구법모		031-955-7382 (편집)
물류관리	엄철용	팩스	031-955-7393
		이메일	dulnyouk@dulnyouk.co.kr

ISBN   979-11-5925-951-7 (03910)

값은 뒤표지에 있습니다. 파본은 구입하신 곳에서 바꿔드립니다.

중학생을 위한
역사 공부고민 상담소

김민주 — 박순화 — 윤상민
정태윤 — 조재혁 지음

교육 폴더 15

푸른들녘

초대의 글: 어서 오세요, '역사 공부 고민 상담소'입니다!

역사 교사 어벤저스!

　아이들이 역사를 쉽게 공부할 수 있도록 글을 써서 출판사에 보내고, 처음 만난 자리에서 선우미정 편집주간이 다섯 명의 역사 교사에게 붙여준 별명입니다. 인류를 구하는 영웅들에게 붙이는 명칭을 일개 역사 교사들에게 사용하는 것은 과하다고 생각했습니다. 그런데 자주 들으니 그 호칭에 점점 익숙해졌고, 역사를 통해 미래 세대에게 희망을 가르치는 일이 어쩌면 공동체에 도움이 되는 일이라고 여기게 되었습니다.

　역사 교사들은 역사와 아이들을 사랑합니다. 그래서 학생들에게 역사를 수업할 때 행복합니다. 학생들이 감동할 만한 과거 이야기를 찾고, 훌륭한 인물의 업적을 묘사하고, 과거 사람들의 실수를 통해 현재를 성찰할 기회를 주기 위해 역사 교사들은 노력합니다.

　역사를 사랑하는 방법을 알려주기에 1년은 너무 짧더군요. 선생님이 옆에 없어도 아이들이 스스로 공부해서 역사를 사랑하면 좋겠습니다. 이 책을 보호자가 읽고 활용하면 처음 역사를 공부하는 어린이도 어렵지 않게 과거 사람들과 만날 수 있습니다. 이 책은 단순한 역사 공부법이 아닌 학생들 곁에 언제나 함께하고 싶은 역사 교사들의 마음을 오롯이 담은 것입니다.

　가정에서, 교실에서, 학교에서, 지역에서 어느 장소와 상황에서도 역사와 아이를 사랑하는 일을 계속해나가야 합니다. 역사 이야기로 희망을 배우는 일은 앞으로 함께하는 세상을 만들어갈 아이들에게 꼭 필요합니다. 책을 읽고 역사를 좋아하게 된 아이들이 좋은 어른으로 자라서 공동체 구성원에게 배운 것을 실천하기를 바랍니다. 모든 사람이 역사를 배워 세상이 아름다워지기를 희망합니다. 희망에 한 걸음 더 다가가기 위해 이 책을 세상에 내놓습니다.

차례

	4	초대의 글: 어서오세요, 역사 공부 고민 상담소입니다 —정태윤
	8	프롤로그: 역사를 공부하는 마음 —정태윤

제1부

왜 역사를 공부해야 하나요?

16	역사, 좋아하세요? —윤상민
23	역사랑 친해지는 방법이 정말 있나요? —정태윤
28	이미 지난 일들을 왜 자꾸 배우는 거죠? —박순화
32	그 많은 걸 다 암기해야 하나요? —윤상민
37	똑같은 사건인데 왜 평가가 다르죠? —정태윤
41	나는 왜 지금, 역사를 공부하고 있을까요? —윤상민
48	역사와 역사학, 무엇이 다른가요? —정태윤
53	역사를 정확히 이해하기 위해서 무엇이 필요한가요? —정태윤
58	역사 체험학습에서 무엇을 하면 좋을까요? —조재혁
74	역사를 공부해서 어떤 진로로 나갈 수 있나요? —김민주

제2부

역사 공부는 어떻게 하나요?

84	역사 공부는 어떻게 시작해야 하나요? —박순화
90	교육과정은 무엇이고, 역사 교과서는 어떻게 만들어지나요? —박순화
98	역사 수행평가에서 의외로 중요한 것은 무엇일까요? —윤상민
110	역사 노트는 어떻게 정리해야 하나요? —김민주

	119	역사 용어는 어떻게 공부해야 하나요? —조재혁
	128	수행평가는 어떻게 준비해야 하나요? —김민주
	137	역사 시험별로 준비 방법도 달라져야 하나요? —김민주
	153	유튜브로 역사 공부를 해도 되나요? —조재혁
	162	생각하면서 역사 공부를 하려면 어떻게 해야 하나요? —윤상민

제3부

역사 교사는 어떻게 가르치나요?

	170	김민주의 수업: 삶과 연계된 역사 수업
	181	박순화의 수업: 재미로 시작해서 생각으로 끝나는 수업
	193	윤상민의 수업: 역사, 외우지 말고 사용하세요!
	199	정태윤의 수업: 읽고, 나누고, 쓰는 역사 수업
	213	조재혁의 수업: 교양으로서의 역사 수업

	226	에필로그: 역사 공부가 만만해지는 순간 —박순화
	228	이럴 땐 이런 책 —김민주
	238	선생님은 어떤 유튜브를 보나요? —조재혁

프롤로그:
역사를 공부하는 마음

'역사가 재미없다'는 그 말, 교사인 우리도 했었죠

"도대체 무슨 말인지 모르겠어요."
"외울 내용이 너무 많아서 머리가 터질 것 같아요!"
"사건의 순서가 헷갈리고 사람 이름도 많이 나와 너무 복잡해요."

역사 교사들이 종종 듣는 학생들의 하소연입니다. 사실 이렇게 솔직하게 한탄이라도 해주면 서로 대화하면서 여러 방법을 알려줄 수 있을 텐데, 대다수 학생은 지레 포기하고 맙니다. 정말 아쉬운 일이죠. 그냥 포기해버리기엔 '역사'라는 분야가 너무도 흥미롭고 또 살아가는 데 쓸모가 아주 많기 때문입니다. 물론 저희 역시 어른이 되어가며 아이들을 가르치며 더 확실하게 깨달은 바이지만요. 그래서, 저희 역사 교사 다섯 사람이 뭉쳐 '역사 공부 고민 상담소'를 만들자고 결의했습니다. "학생들이 찾아오는 걸 기다리지 말고 우리가 먼저 다가서자!"

이 책을 함께 쓴 역사 교사들은 '역사교육실천연구회(이하 역사교실)'라는 역사 교사 모임에서 만났습니다. 역사 교실은 '과거와 소통하고 현재를 성찰하며 따뜻한 세상을 꿈꾸는 역사교육을 실천'하는 교사 모임으로, 2017년부터 현재까지 200명이 넘는 역사 교사가 함께 모여 공부하고 있습니다. 여러 공부 소모임 중 '글쓰기 책 읽기' 모임에서 은유 작가의 『글쓰기 상담소』라는 책을 소재로 대화하던 중 "아주 친절하게 역사 공부 방법을 알려주는 책이 있으면 좋지 않을까?"라는 의견이 나왔습니다. 그러고는… '쇠뿔도 단김에 빼라'는 속담처럼 그 즉시 힘을 합쳐 책을 쓰기로 했습니다.

우리가 처음 한 일은 학생들이 역사를 어떻게 느끼고 있는지 그 마음을 묻는 것이었어요. 그래서 역사 과목을 어떻게 생각하는지, 역사를 공부할 때 어려운 점은 무엇인지, 어려운 점이 있다면 그렇게 느끼는 이유가 무엇인지, 역사를 공부할 때 궁금한 점은 무엇인지, 자신만의 역사 공부 방법이 있는지 등을 주요 내용으로 하는 설문지를 만들었습니다. 놀랍게도 500명 이상의 학생이 이 설문에 대답해주었답니다.

조사 결과는 저희가 예상한 것과 비슷했습니다.

↘ 역사 배우는 건 재미없다.
↘ 외워야만 하는 과목이라 공부하기 힘들고 지루하다.

ㄴ 역사 공부를 할 때 암기를 잘하는 방법을 알고 싶다.
ㄴ 노트 정리 노하우가 궁금하다.
ㄴ 역사 시험을 잘 보는 방법을 알고 싶다.

그러나 대답이 모두 부정적인 것은 아니었어요. "~을 알고 싶다"라거나 "~이 궁금하다"는 등 희망적인 답변도 많았습니다. 특히 다음 내용을 공유하면서 저희는 감동했습니다.

ㄴ 단순한 암기나 문제 풀이가 아닌 세상과 사람들의 이야기를 담고 있기에 그러한 이야기들이 흥미롭고 이해도 쉽게 되어 다른 교과목보다 재미있다고 생각합니다.
ㄴ 누군가와 동일한 내용을 다르게 받아들일 수 있다는 것이 너무나 아름답고, 인간의 존엄성을 지키는 것 같아서 좋다.
ㄴ 역사는 나이다. 나로서 창조되고 나로서 지나가며 나로서 남게 된다. 고로 나는 역사이다. 따라서 나를 좋아하는 것은 역사에 흥미가 있다는 것이다.
ㄴ 평소 역사에 대해 관심이 많은 편이었다. 내가 겪어보지 못한, 못했던 시대들에 끌렸고 내가 태어나기 이전의 시대에 궁금증이 일었다. 현재와 과거의 공통점과 과거가 성장해 현재가 되는 것 또한 흥미롭게 다가왔다. 나는 역사를 좋아한다.

궁금하면 관심이 생깁니다. 관심이 생기면 알아가기 시작하고, 그것이 나에게 잘 맞으면 좋아하는 감정으로 쉽게 넘어갈 수 있어요. 이 책은 학생 여러분이 품어온 역사 공부에 대한 궁금증과 여러 질문에 저희 교사들이 친절하게 답한 내용을 정리한 것입니다.

아이들의 눈높이에서 시작하는 역사 공부

이 책은 또한 학생의 어려움을 옆에서 지켜보는 부모님을 위한 것이기도 합니다. 그 이유를 설명하기 위해 제 경험을 나눠보겠습니다. 초등학교에 다니는 딸아이가 수학을 많이 어려워합니다. 가르치는 일을 직업으로 하는 저는 초등학교 수학 정도는 가르칠 수 있다고 생각하여 딸아이를 옆에 앉혀 놓고 열심히 설명합니다. 그러나 아무리 쉽게 설명해도 딸이 알아듣지 못하니 답답해집니다. 아빠의 그런 모습에 아이도 결국 짜증을 내면서 부녀 사이가 멀어집니다.

방법에 문제가 있었다고 판단한 저는 요즘 '수학 학습 방법'을 안내하는 책을 읽으며 아이 스스로 공부하게 하는 법을 배우는 중입니다. 단순히 문제 풀이 방법만 설명해주는 것이 아니라 어떻게 해야 수학에 관심을 지니게 되는지, 아이의 성장 단계에 따라 어떤 방법으로 수학을 가르쳐야 하는지, 수학이라는 학문의 역사는 어떠한지 등등 다방면으로 접근해야만 수학을 가르치는 관점이 생긴다는 것을 깨달았습니다.

역사 공부도 마찬가지일 것으로 생각합니다. '역사 공부에 대한 안내서'가 있다면 부모님도 얼마든지 집에서 자녀와 함께 역사를 공부할 수 있습니다. 자녀가 초등학교 저학년이라면 부모님만 읽으셔도 됩니다. 읽고 나서 가정에 맞는 공부법을 선택해서 적용하면 됩니다. 초등학교 고학년이나 중학생 자녀가 있다면 함께 읽어나가며 '역사란 무엇인가?' '역사는 어떻게 공부해야 하나' '역사가 정말 재미있는 학문인가?'라는 물음에 답을 찾아가시면 될 것입니다.

예를 들어볼까요? 학교에서 '단군 신화'를 배운 아이가 "엄마, 곰이랑 호랑이가 100일 동안 마늘과 쑥을 먹으면 진짜로 사람이 될 수 있어요?"라고 묻는다고 해봅시다. 이때 부모님이 당황해서 현명하게 설명해주지 못하면 아이는 궁금한 것이 있어도 더는 묻지 않게 될 것입니다. 배움은 멈추게 되고요. 정말 안타까운 일입니다. 우리 어른들이 역사학의 본질은 무엇인지, 역사를 연구하는 사람들은 어떤 일을 하는지, 역사의 관점이 왜 달라지는지, 자녀의 학교에서는 역사교육을 어떻게 하고 있는지 등 다방면에 걸친 기본지식을 갖추어야 한다고 강조하는 배경입니다. 이 책을 손에 쥔 독자분들이 그 답을 조금이나마 찾아가신다면 저희에게 큰 보람일 것입니다.

마지막으로 이 책은 역사를 가르치는 초등학교 선생님을 위한 것입니다. 2022 개정 교육과정을 보면 '한국사' 과목은 초등학교 5~6학년에 처음 배우게 되어 있습니다. 따라서 선사 시대부터 현대의 역사까지 수업에서 다뤄야 하는데, 역사를 전공하지 않은 교사가 이를 정확하게 가르치기란 쉽지 않은 일입니다. 그 같은 애로사항을 고려하여 이 책의 제3부는 공동 필자인 다섯 명의 역사 교사가 각각 자신만의 역사교육 방법을 공개함으로써 선생님들의 어려움을 덜어 드리고자 하였습니다. 적으나마 도움이 되었으면 좋겠습니다.

제1부 왜 역사를 공부해야 하나요?

역사,
좋아하세요?

여러분, 역사 좀 좋아하시나요?

이 책을 골랐다는 것은 아마도 좋아하지 않았을 확률이 높은 거겠죠? 좋아하지도 않는 역사를 학교에서 억지로 배우는 중이겠죠? 억지로 배우는 것도 짜증 나는데 심지어 외워야 할 양이 또 상당하죠? 그리고 역사 수업 시간이 되면 자꾸만 이런 생각이 들지요?

↘ 아, 이 원시인들이 살던 시대를 도대체 왜 배우는 거야.
↘ 신라가 어쩌고 발해가 어쩌고, 이게 다 무슨 상관이야.
↘ 미래 걱정만으로도 바쁜데 과거 탐구가 무슨 의미?
↘ 사화, 왜란, 호란, 예송… 어려워!
↘ 한국사만 알면 됐지, 세계사는 왜 배워. 열받네!

아마 여러분도 진심으로 궁금할 거예요. '이 많은 걸 도대체 왜 배워야 하지?'라는 생각, 한 번쯤 해봤죠? 그럼 이렇게 해보세요. 여러분 곁에 늘 든든하게 계신 어른, 부모님이나 조부모님께 한번 여쭤보는 거예요. "왜 이렇게 많은 역사를 배워야 하죠?" 하고요. 단, 진심을 담아서 물어보셔야 해요. 대충 묻다가는 "또 쓸데없는 소리 한다"는 말이나 "한국 사람이 한국 역사를 몰라서야 되겠니?" 같은 답이 돌아올지도 모르거든요. 그러니까 진심으로, 정말 알고 싶다는 마음으로 물어보세요.

"정말 정말 정말 궁금해서 그러는데요. 역사를 배워야 하는 이유가 뭐예요?"

만족스러운 답을 들었나요? 그렇다면 참 다행이에요. 이제는 '왜 공부해야 하지?' 하는 마음 대신 '그렇구나, 그래서 내가 공부하는 거구나!' 하는 마음으로 역사 공부를 시작해볼 수 있겠네요. 그런데 아직도 잘 모르겠다고요? 왜 역사를 배워야 하는지, 여전히 마음에 답이 떠오르지 않았나요? 그렇다면 질문을 조금 바꿔보는 건 어떨까요. 이번엔 이렇게 여쭤보세요, 주변의 어른들에게요.

"역사에 대한 이야기를 좋아하세요? 재미있나요?"

어떤 답변이 돌아왔나요? 물론 독자 여러분마다 다른 답변을 얻었겠지만, 저는 확신할 수 있습니다. 이 질문을 받았던 어른 중 80퍼센트 이상은 "응, 재미있어."라고 대답했을 것입니다.

사실 어른들은 청소년보다 역사를 더 좋아합니다. 진심으로 재미있어하세요. 방송사마다 경쟁하듯 역사 관련 프로그램을 만들고, 그런 프로그램들은 대개 꽤 높은 시청률을 기록하죠. 각종 문화센터나 복지회관, 또는 기업 강연에서도 역사를 소재로 한 강연은 항상 인기가 많습니다. 제가 올해 진행한 학부모 대상 역사 교양 강의도 수강 정원 900명이 조기 마감됐어요. 역사에 대한 어른들의 관심은 정말 대단합니다.

그렇다면 왜 어른들은 청소년보다 역사를 더 흥미롭게 느낄까요? 답은 의외로 간단해요. 삶의 경험치가 다르기 때문이죠. 청소년에게는 낯선 이야기인 역사도 어른들에게는 익숙하게 다가옵니다. 천 년 전 일이든 이천 년 전 일이든, 비슷한 일이 최근에도 있었다는 걸 어른들은 압니다. 그래서 놀랍고, 흥미롭고, 마음에 무언가가 남는 거예요. 이처럼 역사 콘텐츠는 늘 사랑받습니다. 정작 그 누구보다 역사교육이 중요한 청소년들에게만 별로 인기가 없다는 게 참 아이러니하고도 안타깝지만요.

예전, 왕이 다스리던 시대에는 역사를 '제왕의 학문'이라고 불렀다고 합니다. 통치하는 자는 반드시 역사를 배워야 한다고 믿었던 거죠. 왜냐하면 역사를 알아야 제대로 다스릴 수 있다고 생각했기 때문이에요. 하지만 시간이 흘러, 우리는 민주주의 시대에 살고 있어요. 이제는 대부분의 나라에 왕이 없고, 대신 국민이 선거를 통해 자신을 대표할 사람을 뽑습니다. 이제 권력은 한 사람에게만 주어지지 않습니다. 여럿이 함께 결정하는 사회로 바뀌었으니까요. 그렇다면 한번 생각해봅시다. 오늘날 제왕처럼 힘을 가진 사람은 누구일까요? 특정한 어떤 한 사람일까요, 선출된 몇몇 대표일까요? 아니면, 그 대표를 뽑는 사람들일까요?

여러분도 잘 아는 대한민국 헌법 제1조 제2항이 있죠. "대한민국의 주권은 국민에게 있고, 모든 권력은 국민으로부터 나온다." 네, 우리 헌법은 이렇게 말해줍니다. 이 시대에 제왕의 역할을 하는 사람은 바로 '국민'이라고 말입니다. 그렇다면 이제 국민이 '제왕의 학문', 즉 역사를 배워야 할 때가 된 것 아닐까요? 왜냐고요? 역사는 국가를 운영하고, 정치인들을 감시하고, 공동체를 올바른 방향으로 이끄는 데 실제로 도움을 주는 학문이니까요.

그렇습니다. 역사는 단순히 '중요하니까', '한국인이니까' 배우는 학문이 아닙니다. 실제로 우리 삶에, 그리고 우리 사회에 도움이 되는 실용적인 학문입니다. 그중에서도 여러분에게, 가장 도움이 될 겁니다. 그럼, 이제 어떻게 도움이 되는지 하나씩 가볍게 살펴볼까요?

조심스럽게 말씀드리자면, 학교에서는 피부색을 둘러싼 장난이나 놀림이 여전히 존재합니다. 겉보기에 가벼운 농담처럼 보일 수 있지만, 이런 행동은 특정한 외모에 대해 우열을 나누는 인식을 반영하기도 합니다. 한국 사람들은 비슷한 외모를 가졌기 때문에 다양한 피부색에 대한 감수성이 충분히 형성되지 못했다는 비판도 나오는데요, 놀림의 양상은 반복적입니다. 사회적으로 '밝은 피부'가 긍정적인 이미지로 받아들여지는 문화 속에서, '어두운 피부'에 대한 편견이 자연스럽게 학습되었을 가능성도 있습니다. 그렇다면, 이런 인식은 어디서 비롯된 것일까요? 그리고 우리는 무엇을 배워야 할까요?

답은 어렵지 않아요. 바로 밝은 쪽에서 만들어낸 기준입니다. 이렇게 사람을 구분하고 서열을 매기려는 시도는 1800년대 유럽에서 만들어진 '인종주의'라는 논리에서 시작됩니다. 당시 유럽 열강은 아시아와 아프리카 등 피부색이 다른 나라들을 점령하고 있었죠. 그런데 문제는, 점령당한 사람의 수가 점령하는 사람보다 훨씬 많았다는 겁니다. 그래서 그들은 아주 위험한 논리를 하나 만들어냅니다. "피부색이 어두운 사람은 본래 열등하므로, 밝은 피부를 가진 사람의 지배를 받아야 한다."

과학적 근거? 물론 없었습니다. 하지만 그 허황된 논리는 놀랍게도, 꽤 잘 작동했습니다. 그리고 200년이 지난 지금도 우리는 그 논리의 그림자 안에서 살아가고 있습니다. 학교에서 아이들이 피부색을 두고 장난치는 모습이 그 오랜 '인종주의'의 잔재임을 부인하기 어렵습니다.

차별은 피부색에서만 일어나지 않습니다. 종교, 계급, 성별, 직업 등 다양한 방식으로 차별이 이어졌고 그런 차별을 지속한 사회와 국가는 결국 큰 대가를 치러야 했습니다. 예를 들어 인도의 무굴제국은 황제 아크바르가 타 종교를 포용하며 번영했지만, 후계자인 아우랑제브가 종교 차별을 강화하면서 쇠퇴하기 시작했습니다. 고려 시대에도 문신(글 쓰는 관리)들이 무신(군사 관리)을 무시하며 차별하던 중, 어린 문신이 나이 많은 무신의 뺨을 때린 사건이 계기가 되어 무신들이 폭발적으로 반발했고, 결국 쿠데타로 이어졌습니다.

역사는 우리에게 말합니다. 차별은 언제나 좋지 않은 결과를 낳는다고요. 우리가 당연하다고 생각해온 기준들이 사실은 누군가의 편의에 의해 만들어졌다는 것을 역사는 일깨워줍니다. 그리고 우리는 묻기 시작합니다. '왜 그렇게 되었을까?', '정말 그게 옳은가?'

이런 질문들이 바로 더 나은 공동체를 만들어가는 출발점입니다. 역사는 실용적인 학문입니다. 우리의 생각, 행동, 그리고 공동체의 방향을 바꾸는 힘이 있습니다. 무엇이 옳은지 고민하게 해주고, 어떤 가치를 향해 나아가야 할지 이정표를 제시해줍니다.

우리는 모두 더 안전하고 정의로운 사회에서 살고 싶어 합니다. 누구도 소외되지 않고 차별받지 않는 사회에서 살고 싶어 하죠. 그렇다면 어떻게 해야 할까요? 나라의 주인인 우리 모두가 올바른 기준을 갖고 행동해야 하지 않을까요?

그 올바름의 실마리, 역사에서 함께 찾아보아요.
역사… 좋아하시죠?

역사랑 친해지는 방법이 정말 있나요?

부모는 아이가 좋은 경험을 하기 바랍니다. 그러나 아이들은 대개 부모의 바람과 다르게 자유롭게 성장합니다. 부모에게 '우리 아이가 역사에 관심을 가졌으면 좋겠는데….' 하는 마음이 있다면 조금 특별한 방법을 사용해야 합니다. 역사를 처음 접하는 아이가 스스로, 그리고 자연스럽게 관심을 가질 수 있게 도와주는 방법을 알려드리려고 합니다.

10년 넘게 두 아이를 키우며 알게 된 사실이 하나 있습니다. 아이들은 '이야기'에 정말 잘 빠져든다는 것이죠. 예를 들어 캠핑을 갔을 때, 나뭇가지를 '무기', 텐트를 '성'이라 부르고 아이는 그 성을 지키는 '용사'가 되어 아빠 괴물을 물리치는 이야기를 만들면 2~3시간이 순식간에 지나가곤 했습니다.

역사도 마찬가지입니다. 단순히 사건을 나열하기보다는 하나의 '이야기(narrative)'로 접할 때 훨씬 쉽게 이해할 수 있습니다. 인물이 등장하고, 사건이 일어나는 인과관계로 이어지며, 그 결과에 어떤 의미가 담겨 있는지 따라가다 보면 역사는 어느새 하나의 흥미로운 '이야기 세계'가 됩니다.

그리고 또 하나. 인간은 본능적으로 '탐험'을 좋아합니다. 먹을 것을 찾아 이동했던 초기 인류의 DNA가 오늘날에도 '새로운 곳을 향한 호기심'으로 남아 있는 거죠. 아이들과 함께 여행을 다니다 보면, 자연스럽게 역사에 대한 관심의 문이 열리는 순간이 찾아옵니다.

저는 여행지 근처 박물관은 꼭 들르곤 해요. 요즘 박물관은 아이들이 편안하게 즐길 수 있게 어린이 전시실이나 보호자용 안내 콘텐츠가 잘 갖춰져 있거든요. 얼마 전 방문한 춘천 박물관에서는 보호자가 아이에게 전시물을 어떻게 설명하면 좋을지까지 친절하게 안내하고 있었습니다.

이야기, 탐험, 그리고 여행. 이 세 가지는 아이와 역사를 이어주는 가장 즐거운 다리가 되어줍니다.

보호자님께 FOR one's guardian

신사임당의 '초충도'는 대표적인 조선시대 풀과 벌레 그림입니다. 그밖에도 '남나비'라는 별명을 가질 정도로 나비를 잘 그렸던 남계우 등 조선시대의 유명 작가들이 남긴 꽃과 풀과 나비 그림을 활용한 감성적인 공간을 소개합니다. 어린이들이 이러한 연장선에서 '초충草蟲' 모티프의 아름답고 신비한 문화재의 세계를 감상하게 해 주세요.

Shin Saimdang's *Chochungdo* is a representative painting of grass and insects from the Joseon Dynasty. Let the children appreciate the beautiful and mysterious world of nature-themed cultural properties that depict flowers, grass and/or insects.

꽃과 나비, 풀벌레들이 있는 황홀한

 ▲ 춘천박물관에서 본 보호자 안내 문구

보드 게임 이름	특징
임진왜란 온 더 보드	참여자가 조선군이 되어 한반도에 침략한 일본군을 몰아내는 전략 보드게임
부루마블 대한독립	참여자가 협동해서 6개의 독립운동을 완성하는 게임
세븐 원더스	참여자가 고대 문명을 직접 만들어 성장시키는 게임
위대한 달무티	서유럽 중세의 계급을 바탕으로 만들어진 게임
제너럴쿼터마스터	제2차 세계대전을 테마로 전쟁을 경험할 수 있는 게임

▲ 아이가 좋아할 만한 역사 보드게임

또 하나의 방법은 역사 보드게임입니다. 저희 집에서는 종종 역사 관련 보드게임을 함께 하곤 하는데요, 아래 사진 속 게임은 바로 '조선왕 on the 보드'입니다. 이 게임은 조선의 27명 국왕의 업적을 말 그대로 게임을 하며 자연스럽게 익히는 방식이에요. '태정태세문단세'를 억지로 외우는 것보다 훨씬 재미있고 효과적입니다. 게임을 하다 보면 왕의 업적을 외우려 들지 않아도 승부욕과 몰입감 덕분에 어느새 기억에 남게 됩니다. 연령에 따라 다양한 역사 보드게임이 있으니 아이의 눈높이에 맞춰 선택해보는 것도 좋은 방법일 것입니다.

마지막으로, 역사 관련 책을 아이에게 선물하는 것도 좋은 방법입니다. 다만, 그 책을 함께 읽을 수 있어야 훨씬 효과적이라는 말씀을 드리고 싶어요. 아이들은 부모를 따라 배웁니다. 아이에게 역사에 관심을 갖게 하려면 부모가 먼저 역사를 공부하는 모습을 보여주는 게 중요합니다.

 어른들을 위한 역사책도 다양하게 나와 있는데, 그중 제가 재미있게 읽은 책은 남경태 작가의 『종횡무진 시리즈』입니다. 부제가 '남경태의 가장 독창적인 역사 읽기'인 이 시리즈는 '한국사 1·2', '서양사 1·2', '동양사' 등으로 구성되어 있습니다. 남경태 작가는 역사 전공자는 아니지만 자신만의 관점으로 역사를 풀어내며 어렵고 복잡한 이야기도 쉽게, 말하듯 설

▲ 집에서 보드게임을 하고 있는 엄마, 딸, 아들

명합니다. 그래서 역사에 입문하는 부모님에게도 부담 없이 권할 수 있어요.

부모의 공부는 아이의 관심을 이끄는 가장 자연스러운 힘이 됩니다. 책을 함께 읽고 생각을 나누다 보면, 역사는 더 이상 교과서 속 이야기가 아닌 가족의 대화 속으로 들어오게 될 것입니다.

이미 지난 일들을
왜 자꾸 배우는 거죠?

 한 번 상상해볼까요? 어느 날 아침, 눈을 떴는데 기억이 모두 사라졌습니다. 여기가 어디인지, 내가 누구인지조차 알 수 없습니다. 사람들이 반갑게 인사하긴 하지만 어떻게 반응해야 할지 모르겠고, 게다가 낯선 이름으로 저를 부릅니다. 그게 내 이름인 것 같긴 한데, 아무런 감각이 없습니다. 몸은 멀쩡하고 생활도 할 수 있지만, 과거의 기억 없이 살아가는 존재를 과연 '나'라고 할 수 있을까요? 내가 누구인지 모른 채 살아가는 삶, 그건 정말 의미 있는 삶일까요? '나'라는 존재는 단순히 생김새나 몸으로 정의되지는 않습니다.

 이번엔 반대의 상황을 떠올려볼까요? 침대에서 일어났는데, 몸이 낯설게 느껴집니다. 거울을 보니 전혀 다른 사람의 모습입니다. 하지만 정신은 분명 '나'입니다. 기억도 생각도 감정도 모두 그대로죠. 물론 당황스럽겠지만, 이 경우에는 그래도 '내가 누구인지' 스스로는 알고 있습니다.

이렇게 생각해보면, 내가 나일 수 있는 이유는 겉으로 보이는 몸이 아니라 바로 정신이라고 할 수 있겠지요. 좀 더 구체적으로 말하면, 정체성입니다. 정체성은 과거에 내가 겪었던 크고 작은 경험들이 쌓여 만들어지는 것입니다.

예를 들어, 어릴 때부터 축구를 좋아해서 시간 날 때마다 공을 찼던 아이가 있다고 해볼게요. 그 아이는 자연스럽게 축구 실력이 늘고, 주변 사람들에게 "축구 잘하는 아이"라는 말을 자주 들었을 거예요. 그렇게 해서 축구를 좋아하고 잘하는 사람이라는 정체성이 형성됩니다. 또 그림 그리는 걸 좋아해서 시간 날 때마다 연습장에 끄적이고 색칠하던 아이가 있다고 해볼게요. 그 아이는 점점 표현력이 풍부해지고, 주변 사람들로부터 "그림 잘 그리는 아이"라는 말을 듣게 됩니다. 그 과정에서 아이는 '나는 그림 그리는 것을 좋아하고 잘 그리는 사람이야'라는 정체성을 자연스럽게 갖게 되겠지요?

그렇다면 한 사람을 넘어, 여러 사람으로 이루어진 집단에도 정신이나 정체성이 있을까요? 네, 있습니다. 그것이 바로 역사입니다. 한국사는 한국 사람들이 과거부터 겪어온 경험이 쌓여 만들어진 기억이고, 그 기억이 모여서 우리의 집단적 정체성을 이룹니다. 세계사는 인류 전체가 함께 겪은 경험을 담고 있으니, 인류의 정체성이라 할 수 있겠지요.

그런데 만약 어떤 집단이 자신의 역사를 기억하지 못한다면 어떤 일이 벌어질까요? 기억을 잃은 사람처럼, 자신이 누구인지조차 모르게 됩니다. 정체성이 사라지면, 순간순간 어떤 결정을 내려야 할지 기준이 없어지고 방향도, 확신도 흔들리게 되겠지요.

기왕 '결정'이라는 말이 나왔으니, 조금 다른 이야기로 넘어가볼까요? 수능과 같은 중요한 시험을 준비할 때 여러분이 반드시 한 번쯤 풀어보는 문제가 있죠. 바로 기출 문제입니다. 그런데 생각해보세요. 기출 문제는 어차피 똑같이 다시 출제되지 않을 텐데, 우리는 왜 굳이 그 문제들을 반복해서 풀까요? 이유는 분명합니다. 출제자가 어떤 걸 중요하게 여기는지 알 수 있고, 문제의 패턴과 유형을 익힐 수 있기 때문이죠.

우리는 기출 문제가 '재탕'되지 않는다는 걸 잘 알면서도 그 문제를 풀 때는 마음가짐부터 달라집니다. 실제 시험처럼 긴장하고, 스스로 시험장에 있다고 상상하면서 문제를 대합니다. 그리고 끝나면 채점하고, 오답을 분석합니다. "왜 틀렸는지", "출제자의 의도가 무엇이었는지", "어떤 자료가 사용됐는지" 하나하나 따져보죠. 심지어 오답 노트까지 만들어 정리합니다. 왜냐고요? 실제 시험에서 더 잘하기 위해서입니다.

역사는 우리 인류의 '기출 문제'입니다. 과거의 일이 앞으로 똑같이 반복되지는 않겠지만, 비슷한 경향은 분명 나타날 수 있습니다. 왜냐하면 역사를 만들어가는 주체가 바로 사람이기 때문입니다.

역사가 기록되기 시작한 이래, 인간의 본성은 크게 달라지지 않았습니다. 우리는 수명이 짧기 때문에 수천 년 전의 기록이 아주 오래된 일처럼 느껴집니다. 하지만 진화의 관점에서 보자면, 그 시간은 인류가 본질적으로 변하기엔 너무 짧은 순간입니다. 결국 과거의 사람들도 지금 우리처럼 비슷한 욕망과 두려움, 희망을 안고 살아갔을 것입니다. 당연히 수많은 선택 가운데에는 바람직한 결정도 있었고, 재앙을 불러온 '오답'도 있었겠지요. 그렇다면 우리는 그 오답들을 꼼꼼히 분석해야 합니다. 그래야 다음에 비슷한 상황이 찾아왔을 때 조금 더 현명한 선택을 할 수 있을 테니까요.

지금까지의 이야기를 정리해볼까요?

우리가 역사를 배워야 하는 이유는 크게 두 가지입니다. 첫째, 역사는 우리의 정체성입니다. 누구인지, 어디에서 왔는지를 알기 위해 우리는 우리의 과거를 들여다봐야 합니다. 둘째, 역사는 우리가 더 나은 결정을 내리도록 돕습니다. 실수와 오답으로 가득한 시간 속에서 다음엔 더 나은 길을 찾도록 인류는 학습해왔습니다. 역사 기록은 우리 인류의 일기장과도 같습니다. 그 안에는 자랑스러운 순간도, 부끄러운 장면도 모두 적혀 있지요. 일기장을 들여다보면, 우리는 그 시절 사람들의 생각과 삶을 엿볼 수 있습니다. 그리고 자연스럽게 이렇게 묻게 되죠. "나라면, 어땠을까?"

자, 이제 우리도 인류의 일기장을 살짝 들춰볼 준비가 된 것 같군요.

그 많은 걸
다 암기해야 하나요?

"많이 어려워요."

"헷갈려요."

"외울 게 너무 많아요."

역사 수업 첫 시간에 아이들에게 '역사' 하면 떠오르는 감정이나 생각을 써보라고 하면 어김없이 돌아오는 답변들입니다. 대부분 역사 학습의 어려움을 호소하는 말들이죠.

그런데 역사는 왜 이렇게 어렵고, 헷갈리고, 외울 게 많게 느껴질까요? 사실, 이유는 생각보다 간단합니다. 인류가 살아온 시간이 너무 길기 때문이에요. 대한민국만 해도 '반만년의 역사'라 부르며 무려 5천 년에 걸친 이야기들을 배우잖아요? 세계사는 그보다 더 방대하죠. 게다가 그 긴 시간을 지역별로 나눠 배우기까지 하니 처음부터 쉽기만 하다면 오히려 이상할지도 몰라요.

그런데도 저는 왜 "역사를 좀 더 쉽게 이해할 수 있다"고 말하고 있을까요? 사실 그 이유는 우리가 역사를 오해하고 있기 때문입니다.

많은 학생이 역사를 '모든 걸 암기해야 하는 과목'으로 생각합니다. 그래서 교과서의 내용 하나하나를 빽빽하게 외우려 들죠. 당연히 부담스럽고 지루해질 수밖에 없습니다.

하지만 사실 역사는 모든 사실을 외우는 학문이 아니라 사람들이 살아온 이야기를 이해하는 학문입니다. 이 점을 놓치지 않고 바라보면, 지금보다 훨씬 가볍고 흥미롭게 다가올 수 있어요.

예를 들어볼까요? 보통 역사 수업 첫 단원에서는 '선사 시대'를 배우죠. 구석기와 신석기의 특징을 나눠 외우느라 애쓰는 친구들이 많아요. 구석기는 뗀석기, 사냥과 채집, 이동 생활, 동굴이나 막집…. 신석기는 간석기, 농경의 시작, 정착 생활, 움집, 토기 사용…. 혹시 이런 내용을 하나하나 다 암기하고 있나요?

이렇게 한번 생각해볼까요?

구석기 시대는 인류가 처음 등장한 순간부터 신석기 시대가 시작되기 전까지의 시간을 말합니다. 연도로 따지면, 대략 기원전 1만 년 이전까지를 가리키죠.

흔히 인간과 동물을 구분하는 요소로 '도구의 사용'을 꼽곤 합니다. 그렇다면 구석기 시대의 사람들은 과연 어떤 도구를 사용했을까요? 기원전 30만 년쯤, 지금처럼 강철 도구를 만들 수 있었을까요? 혹은 영화에서처럼 '비브라늄' 같은 상상 속 금속을 가공해 쓰고 있었을까요? 물론 아니겠죠. 그렇다면 여러분이라면 그 시절 어떤 재료로, 어떤 도구를 만들어 사용했을 것 같아요?

대부분의 학생들이 "돌"이라고 답했을 겁니다. 어릴 때 놀이터에서 놀아본 경험을 떠올려보면, 가장 쉽게 구할 수 있는 도구는 돌이나 흙이잖아요? 하지만 구석기 시대 사람들은 그 돌을 단순히 가지고 노는 게 아니라, 배고픔을 해결할 무기로 써야 했습니다.

그렇다면 돌로 뭘 할 수 있었을까요? 기원전 30만 년 전, 구석기인의 입장에서 생각해봅시다. 돌을 날카롭게 다듬어 사냥에 나섰겠죠. 마치 지금의 야생 동물들이 먹이를 사냥하듯 말이에요. 하지만 그냥 주워온 돌로는 사냥이 쉽지 않았을 겁니다. 무기로 쓰려면 무엇보다도 날카로워야 했으니까요. 그래서 당시 인류는 돌을 깨뜨려 날이 선 도구를 만들었습니다. 우리는 이것을 '뗀석기'라고 부르지요.

자, 이 돌을 들고 동물들을 사냥하러 나갔습니다. 과연 거듭거듭 성공했을까요? 아마도 아니었을 거예요. 지금의 사자조차 사냥 성공률이 20~30%밖에 되지 않으니, 구석기인의 사냥 역시 실패가 더 많았을 것입니다. 이제 사람들은 사냥만으로는 먹고살 수 없다는 걸 곧 깨달았습니다. 그렇다면 뭘 했을까요?

주변을 둘러보니 의외로 쉽게 얻을 수 있는 식량이 있었어요. 나무에는 달콤한 열매가, 땅에는 먹을 수 있는 풀들이 자라고 있었습니다. 구석기인들은 이렇게 사냥과 채집을 병행하며 허기진 배를 채웠습니다. 하지만 그렇게 열심히 먹고 다니다 보면 어느새 주변엔 더 이상 먹을 것도, 사냥할 동물도 줄어듭니다.

이럴 때 사람들은 어떻게 했을까요? 기다리기보다는 다른 곳으로 이동했겠죠. 새로운 먹을 거리와 동물을 찾아 나서는 것. 이것이 바로 구석기인의 삶의 방식, 즉 이동 생활이었습니다.

그렇다면 구석기인들은 어디에서 살았을까요? 먹을 것을 찾아 이곳저곳 옮겨 다녀야 하는 삶이라면 어떤 집이 적당했을까요? 3층짜리 전원주택? 30층 높이의 아파트? 아니면 고즈넉한 한옥? 물론, 이런 집은 자주 이동해야 하는 생활에 어울리지 않겠지요. 자리를 오래 지키지 않을 거라면 집을 짓는 데 많은 시간과 힘을 들일 이유도 없었을 것입니다.

그래서 구석기인들은 근처의 동굴을 자연스럽게 거처로 삼거나, 가지나 풀, 가죽 등 쉽게 구할 수 있는 재료로 아주 간단한 구조의 막집을 만들어 생활했습니다. 필요한 만큼만 짓고, 떠날 준비도 늘 되어 있는 집. 그것이 구석기인의 집이었습니다.

이제 구석기인의 삶을 다시 한번 정리해볼까요? 돌을 깨뜨려 만든 뗀석기, 사냥과 열매 채집을 통한 식량 확보, 그리고 먹을 것을 찾아 계속 움직였던 이동 생활. 이 세 가지가 바로 구석기인의 삶을 대표하는 특징입니다. 시험 문제에도 자주 등장하는 핵심 포인트들이죠. 그렇다면 이런 특징들, 하나하나 전부 외워야 할까요? 꼭 그럴 필요는 없습니다. 왜냐하면 그들도 우리처럼 '사람'이었기 때문이에요. 그러니 무조건 외우려 들지 말고 '사람이라면 이렇게 행동했겠지….'라고 생각하면서 접근해보세요. 자연스럽게 이해가 되고, 암기할 내용은 절반 이상 줄어들 겁니다.

교과서의 설명이나 선생님의 말씀을 그대로 받아들이기보다는, "왜 그랬을까?" 하고 항상 의문을 던져보는 것이 중요해요. 그 모든 사건은 결국 사람이 벌인 일이라는 점을 기억한다면, 복잡하고 막막하게만 느껴졌던 역사가 서서히 머릿속에 자리를 잡게 될 거예요. 이해가 먼저입니다. 그다음에 외워도 늦지 않아요. 정말이에요! 백퍼백퍼!

똑같은 사건인데
왜 평가가 다르죠?

하나의 역사적 사건을 두고 사람마다 해석이 다른 이유는 무엇일까요? 사람들의 생각과 가치관이 서로 다르기 때문입니다. 좀 더 쉽게 설명해볼게요. 어느 날, 누나와 남동생이 싸웠습니다. 동생이 누나의 허락 없이 방에 들어왔고, 그걸 본 누나는 화가 나서 동생의 등을 한 대 때렸습니다. 동생은 울면서 항의했죠. "왜 때려? 나 그냥 장난감 찾으러 들어온 거야. 그건 누나 것도 아니잖아!" 그러자 누나는 이렇게 말합니다. "그래도 내 방에 들어오기 전에 한 마디 말했어야지. 규칙을 어겼으니까 벌을 받은 거야."

이 상황을 지켜보는 여러분은 어떻게 생각하나요? 폭력은 절대 안 된다고 생각하는 사람은 아마도 동생의 편을 들 것이고, 규칙이나 사적인 공간을 중요하게 여기는 사람은 누나의 행동이 이해된다고 생각할 수도 있습니다. 이처럼 하나의 사건을 바라보는 시선은 각자의 생각과 가치관에 따라 달라질 수 있습니다. 역사도 마찬가지입니다. 같은 역사적 사건이라도 사람들은 자신이 중요하게 여기는 가치나 본인의 신념 혹은 관점에 따라 서로 다른 평가를 내릴 수 있습니다.

여러분, 삼국 시대에 대해 아시나요? 삼국 시대는 '고구려', '백제', '신라' 이들 세 나라가 한반도의 주도권을 놓고 경쟁하던 시기입니다. 북쪽에는 고구려, 서쪽에는 백제, 동쪽에는 신라가 자리를 잡고 서로 싸우기도 하고, 화해하기도 하며 어우러져 살았지요. 그러다 600년대에 들어 세 나라 중 가장 약했던 신라가 중국(당나라)의 힘을 빌려 백제와 고구려를 차례로 무너뜨리고 삼국을 통일하게 됩니다. 이 '신라의 삼국 통일'에 대해서는 서로 다른 평가가 존재합니다. 무엇을 중요하게 생각하느냐에 따라 시선이 달라지기 때문이에요. 어떤 의견들이 있는지 함께 볼게요.

먼저 통일의 '방법'을 문제 삼는 시선이 있습니다. "신라는 당나라의 힘을 빌려 다른 두 나라를 멸망시켰다."라고 하면서 외세를 끌어들였다는 점을 들어 통일을 부정적으로 평가합니다. 하지만 일부는 이렇게 반박하기도 합니다. "신라의 입장에서는 나라가 사라지지 않기 위해 어쩔 수 없는 선택이었을지도 몰라요."라고 말이에요.

두 번째로 통일의 '결과'를 아쉬워하는 시선이 있습니다. "고구려가 통일했다면 더 넓은 영토를 가졌을 텐데⋯." 하면서요. 실제로 통일 후에는 고구려의 넓은 땅 대부분을 잃었기 때문입니다. 하지만 이런 시각도 있습니다. "신라가 통일함으로써 세 나라 사람이 하나로 묶이는 기회가 생겼어요."

 마지막으로 통일의 '의미'를 긍정적으로 보는 시선도 있습니다. 기나긴 전쟁이 끝나고 마침내 백성에게 찾아온 "평화"를 중시하는 입장인데요. 계속된 싸움이 끝나고 비교적 안정된 질서가 시작됐다는 점에서 통일을 긍정적으로 바라보는 평가죠. 하지만, "그 이후에도 백제·고구려 사람들과 신라 사이의 갈등은 남아 있었다."는 지적도 가능합니다.

 이처럼 신라의 삼국 통일이라는 하나의 사건을 두고도 서로 다른 관점과 해석이 존재합니다. 역사란 단지 '어떤 일이 벌어졌는가?'만 중요하게 다루는 게 아니라 그 일을 어떻게 바라보는가도 함께 배워야 하는 학문이기 때문입니다.

 이처럼 사람마다 생각이 다른 만큼 하나의 역사적 사건도 다양한 시선으로 해석될 수 있습니다. 그렇다면 우리는 역사를 어떻게 공부해야 할까요? 우선 사건에 대해 사람들이 왜 그렇게 생각하는지를 따라가 보는 것, 그것이 역사 공부의 또 다른 재미입니다. 예를 들어 저는 '평화'를 중요하게 생각하기 때문에 신라의 삼국 통일을 긍정적으로 평가합니다. 땅을 조금 잃더라도 가족과 이웃이 함께 안전하게 살아가는 세상이 더 중요하다고 생각하기 때문입니다. 그래서 저는 통일 신라가 해야 할 가장 중요한 일은 고구려·백제 사람들과 평화롭게 공존하는 방법을 찾는 것이라 생각해요. 물론 저와는 다른 생각을 가진 사람도 있겠지요? 그럴 때 필요한 것이 바로 '역사 토론'입니다.

　역사 토론이란 과거의 사건, 인물, 사회 현상 등을 다양한 관점에서 분석하고 서로의 생각을 나누는 활동입니다. 단순히 사실을 외우는 것을 넘어 "왜 그런 일이 벌어졌을까?", "그 결과는 어떤 의미였을까?", "오늘날 우리는 이 사건에서 무엇을 배울 수 있을까?"와 같은 질문을 던지며 깊이 있게 역사와 마주하는 방법이지요. 토론을 통해 우리는 자신의 관점을 정리하고, 다른 사람의 시선도 배울 수 있습니다. 그러면서 생각의 폭이 넓어지고, 나만의 역사 해석과 관점이 자라나기 시작합니다. 그때 비로소 역사를 보는 '눈'이 열리게 되는 것이지요.

나는 왜 지금, 역사를 공부하고 있을까요?

"열 길 물속은 알아도, 한 길 사람 속은 모른다."

들어본 적 있는 속담이죠? 겉보기에 아무리 깊어 보이는 물속도 노력하면 그 깊이를 알아낼 수 있지만, 사람의 속마음은 정말 알기 어렵다는 뜻이에요. 실제로 사람 마음이란 참 복잡하죠. 가족처럼 가까운 사이일지라도 그 마음을 모를 때가 있습니다. 상대가 왜 그렇게 말했는지, 무슨 마음인지 알기 어려운 순간이 많잖아요.

"그런데 이 속담의 뜻이 역사랑 무슨 관계예요?"

바로 이것이, 많은 사람들이 역사 공부를 어렵게 느끼는 이유 중 하나입니다. 역사는 흔히 인문학의 최고봉이라 불립니다. 그만큼 다양한 분야를 아우르고, 무엇보다도 사람을 깊이 이해해야 하는 학문이기 때문이죠. 그런데 사람을 이해하는 일만큼 어려운 일이 또 있을까요? 마음은 겉으로 드러나지 않고, 같은 상황에서도 사람마다 반응은 천차만별이니까요. 결국 우리는 이런 결론에 도달합니다. 사람을 이해하기 어렵기 때문에, 사람의 이야기를 다루는 역사도 어렵게 느껴지는 것입니다. 이것이 학생들이 느끼는 보이지 않는 역사 공부의 본질적인 장벽이에요.

예를 하나 들어볼게요. A는 평소 쾌활하고 장난기 많은 학생이었습니다. 수업 중 엉뚱한 질문을 던지며 학급 분위기를 유쾌하게 만들곤 했죠. 그의 장난은 수업을 방해할 정도는 아니었고, 오히려 활기를 더해주는 역할을 했습니다. 담임선생님과의 케미도 좋은 편이었고요.

어느 날이었어요. 그날 학급 분위기는 평소와 조금 달랐습니다. 역사 시험 점수가 공개된 날이었거든요. A의 학급은 전교에서 가장 낮은 평균 점수를 받았습니다. 게다가 아침부터 무려 5명의 학생이 연락 없이 지각을 했어요. 학급 전체 분위기는 말 그대로 침울했습니다. 그런 가운데 A는 늘 그랬듯 수업 시간에 엉뚱한 질문 하나를 툭 던졌습니다. 평소처럼 엉뚱한 질문으로 무거운 분위기를 가볍게 바꿔 즐거운 수업 분위기를 만들고 싶었던 것이겠지요.

어떤 상황이 펼쳐졌을까요? 평소처럼 학급의 분위기가 유쾌하게 바뀌었을까요, 아니면 담임선생님의 불호령이 돌아왔을까요? 친구들의 반응은 어땠을까요? 정답은 없습니다. 하지만 아마도 이번만큼은 분위기가 좋아지지 않았을 가능성이 높습니다. 여러분도 그렇게 생각하지 않나요?

왜일까요? 그날은 평소와 상황이 많이 달랐기 때문이에요. 아침부터 무단 지각한 아이가 5명이나 있었고, 역사 시험 점수는 전교에서 가장 낮았죠. 아이들도 이 사실을 알고 있었기에 수업 전 분위기는 무겁고 조용했을 겁니다. 그런 상황에서 A가 던진 엉뚱한 질문은 오히려 분위기를 읽지 못한 행동처럼 보였을 수 있습니다. 담임선생님뿐만 아니라 같은 반 친구들도 그렇게 느꼈을 가능성이 높지요.

A는 당황했습니다. 자신은 평소처럼 행동했다고 생각했거든요. 아니, 어쩌면 평소보다 더 따뜻한 마음으로 학급 분위기를 바꿔보려 노력했을지도 몰라요. 하지만 돌아온 반응은 전혀 달랐습니다. 행동은 같았지만, 맥락이 달라졌기 때문입니다. 친구들의 눈빛도, 선생님의 표정도 A에게는 낯설게 느껴졌을 거예요.

제가 드리고 싶은 말은 "같은 행동이 항상 같은 결과를 낳는 것은 아니"라는 것입니다. 우리 삶은 수학 공식처럼 정확하게 계산하거나 예측할 수 있는 구조가 아닙니다. 자연법칙처럼 일정한 패턴이 반복되는 것도 아니고요. 그러므로 우리는 사람의 행동을 '공식'이나 '알고리즘'처럼 단순화해서 이해할 수 없습니다. 그리고 바로 이 점이 역사 공부를 어렵게 만드는 핵심 이유이기도 합니다. 특히 이공계적 사고방식에 익숙한 학생들에겐 더욱 낯설고 복잡하게 느껴질 수 있어요.

14세기에 유럽을 강타한 흑사병, 들어본 적 있죠? 흑사병은 페스트균에 감염되어 발생한 전염병으로 주로 쥐에 기생하는 벼룩을 통해 사람에게 옮겨졌어요. 감염되면 고열과 림프절이 검게 부어오르는 증상이 나타났는데, 당시에는 치료법이 없어 감염자의 대부분이 사망했습니다. 그 피해는 상상 이상이었어요. 유럽 인구의 약 3분의 1, 많게는 절반 가까이가 단 몇 년 사이에 사망했을 정도였습니다.

인구가 급격히 감소하자 사회 전반에 걸쳐 예상치 못한 변화가 벌어집니다. 대표적인 예가 농촌의 노동력 부족 현상입니다. 당시 유럽에서는 넓은 땅을 가진 지주들이 땅이 없는 농부들과 계약을 맺어 농사를 짓게 했습니다. 하지만 이 계약은 수확물의 절반을 지주가 가져가는 것으로 농부들에겐 거의 노예나 다름없는 열악한 조건이었죠. 그런데 흑사병으로 농부의 수가 크게 줄자 상황이 달라졌습니다. 살아남은 농부들이 귀해진 만큼 값비싼 존재가 된 거예요. 지주들은 농부를 구하기 위해 서로 경쟁하며 조건을 개선하고 대우를 높이기 시작했습니다. 그 결과, 기존의 가혹한 계약 관행은 점차 사라지게 되었습니다. 적어도 서유럽에서는요!

하지만 동유럽에서는 전혀 다른 모습이 나타납니다. 흑사병은 동유럽도 예외 없이 휩쓸었고, 그 결과 농민들의 수가 크게 줄어든 것까지는 같았습니다. 당연히 땅 주인들 역시 농장에서 일할 사람을 구하기 어려워졌겠지요. 그런데 동유럽의 반응은 서유럽과 정반대였습니다. 살아남은 농부들의 대우를 높이기보다는 기존에 계약된 농부들을 오히려 더 강하게 억압하기 시작한 겁니다. 노동 조건은 더욱 가혹해졌고, 노예 계약에 가까웠던 기존의 계약은 더 심한 강제노동 계약으로 바뀌어 갔습니다. 흑사병 이전에 3~4명이 하던 일을 한 명에게 떠넘기기도 했고요. 그 결과, 동유럽에서는 지주와 농부 간의 불합리한 계약이 서유럽보다 훨씬 더 오랫동안 유지되었습니다.

흑사병으로 많은 사람이 목숨을 잃었고, 노동력이 귀해졌다는 점은 서유럽과 동유럽 모두 같았습니다. 하지만, 그 이후 벌어진 결과는 전혀 달랐지요. 왜 그랬을까요? 궁금하지 않나요?

그 이유는 바로 당시 서유럽과 동유럽의 정치체제와 사회 분위기가 달랐기 때문입니다. 우선 서유럽은 강력한 권력 아래 하나의 국가로 통일된 지역이 아니었습니다. 여러 나라로 나뉘어 있었고, 그 안에서도 왕보다 더 강한 귀족들이 권력을 쥐고 있었습니다. 우리가 동화에서 들어본 후작, 백작, 자작, 남작 같은 이들이죠. 이 귀족들이 바로 넓은 땅을 소유한 지주들이었고, 노동력이 필요한 농부들과 직접 계약을 맺는 주체였습니다.

그런데 이처럼 권력이 분산된 사회는 어느 한 사람이 "이렇게 하자!"고 주장해도 모두가 따를 수 있는 구조가 아닙니다. 도리어 지주들끼리 서로 경쟁했지요. 예를 들어 여러 기획사가 유능한 연습생 하나를 자기 회사로 데려오기 위해 몸값과 조건을 경쟁적으로 올리는 분위기, 바로 그런 상황이 서유럽에서 벌어진 것입니다.

반면 동유럽은 하나의 제국으로 통일된 경우가 많았습니다. 예를 들어, 당시의 헝가리 왕국이나 폴란드 지역, 그리고 점차 성장하던 모스크바 대공국(훗날 러시아 제국) 등은 강력한 중앙집권 체제 아래에서 군주의 명령이 사회 전반을 관통하던 분위기였습니다. 위아래 계급이 분명하게 나뉜 사회였고, 그만큼 강압적인 분위기를 만들기도 쉬웠습니다. 그래서 농부들의 수가 줄어든 상황에서도 지주들은 살아남은 농부들에게 오히려 2~3배의 일을 강제로 시키는 방식으로 대응할 수 있었죠.

이런 분위기를 이해하기 어렵다면, 현대의 군대를 떠올려 보세요. 군대는 계급이 명확하게 나뉘어 있고, 위에서 명령이 내려오면 아래 계급은 그 명령을 반드시 이행해야 하잖아요? 동유럽 사회도 이와 비슷했습니다. 명령이 곧 질서였고, 개인의 의사는 쉽게 반영되기 어려운 구조였습니다.

위에서 살펴본 요인들 외에도 서유럽과 동유럽에서 전혀 다른 결과가 나타난 이유는 정치, 문화, 제도 등 다양한 배경이 복합적으로 작용했기 때문입니다. 그중 어떤 요인이 결정적이었는지를 두고는 지금도 학자들 사이에 다양한 의견이 존재하지요. 이처럼 하나의 사건이나 현상을 두고 사실적 근거를 바탕으로 추론하고, 때로는 상상까지 더해 보는 것, 그것이 바로 역사라는 교과의 본질입니다. 역사는 늘 변화와 해석의 여지를 품은 살아 있는 이야기입니다. 자연과학처럼 언제나 같은 결과가 나오는 학문이 아니에요.

사람의 행동을 공식처럼 분석해보려는 시도는 예전부터 많았습니다. 사주팔자나 MBTI처럼 말이죠. 하지만 결국 어떤 도구도 사람을 온전히 법칙화하는 데에는 실패했습니다. 사람이란 본래 그렇게 단순하지 않으니까요. 그래서 우리가 사는 세상도 더 복잡하고, 더 다양하고, 더 깊이 바라보아야 하는 거예요.

사람마다 해석이 다르고, 같은 인물이 전혀 다른 행동을 하기도 하며, 하나의 결과를 두고도 수백 가지 원인을 찾아야 하는 것이 바로 역사입니다. 혹시 여전히 "역사 공부는 너무 어렵다"고 느끼시나요? 당연합니다. 인간을 이해하는 일이 원래 어렵거든요. 그렇지만 여러분이 그 어려운 역사를 공부하고 있다는 것은 곧 인간에 대한 이해가 깊어지고 있다는 증거이기도 해요. 그리고 그렇게 쌓인 이해는 여러분이 앞으로 더 건강한 공동체를 만드는 데 필요한 힘이 될 것입니다. 그러니 자부심을 가지세요. 여러분은 지금, 더 나은 세상을 만드는 진짜 공부를 하는 중이니까요.

역사와 역사학, 무엇이 다른가요?

역사란 무엇일까요? 어떤 사람들은 역사의 영어 단어인 'history'를 보고, 'his + story', 즉 "그의 이야기"라고 말하며 역사가 남성 중심적으로 쓰여왔다는 점을 비판합니다. 역사에 등장하는 인물의 대부분이 남성이라는 점을 보면 타당한 지적이지요. 하지만 분명한 것은 그(his)와 그녀(her) 모두가 역사의 주인공이라는 점입니다. 정확히 말하자면, 역사는 과거부터 지금까지 사람들이 살아오며 해온 모든 일의 기록입니다. 사람들이 어떻게 살았고, 무엇을 먹고 입었으며, 어떤 생각과 행동을 했는지를 살펴보는 것이지요.

세상의 모든 것에는 나름의 역사가 있습니다. 옷의 역사, 집의 역사, 음식의 역사, 정치·과학·환경의 역사 등 우리가 아는 거의 모든 분야에 그 역사가 담겨 있어요. 여러분에게도 역사가 있습니다. 나의 역사, 가족의 역사, 마을의 역사, 그리고 한국의 역사까지. 그래서 우리는 모두 살아 있는 역사라고 할 수 있지요.

그렇다면, 역사학은 무엇일까요? 역사학은 그 과거의 사건과 삶을 연구하고 해석하는 학문입니다. 단순히 "어떤 사건이 벌어졌는가"만 나열하는 것이 아니라 사람들의 삶이 어떻게 변화해 왔는지, 그리고 그 변화가 오늘날 우리 삶에 어떤 의미를 지니는지를 탐구합니다.

예를 들어볼게요. 처음 인류가 나타났을 때는 사냥하고, 물고기를 잡고, 열매를 먹기 위해 이동하며 살았습니다. 그러다 농사를 짓고 가축을 기르기 시작하면서 정착 생활과 마을의 탄생이 이어졌지요. 그 오랜 삶이 이어지다가 약 300년 전, 사람들은 공장을 세우고 물건을 대량으로 생산하며 전혀 다른 삶의 모습—산업사회—로 전환하게 됩니다.

이처럼 역사학은 사람들의 삶이 시간 속에서 어떻게 달라졌는지를 살피고, 그 속에서 우리가 왜 지금 이렇게 살아가는지를 이해할 수 있게 해줍니다. 역사학은 과거를 외우게 하는 학문이 아닙니다. 과거를 통해 현재를 이해하고, 미래를 예측하는 힘을 길러주는 학문입니다. 한마디로 우리에게 통찰력을 길러주는 학문이죠.

과거에 일어난 일들을 다양한 사료를 바탕으로 조사하고, 그 의미를 해석하여 오늘의 시선으로 풀어내는 사람을 '역사가'라고 합니다. 역사가는 이야기를 만든다는 점에서 소설가와 비슷해 보이지만, 둘 사이에는 중요한 차이가 있습니다. 소설가는 상상으로 이야기를 구성하고, 역사가는 증거를 바탕으로 이야기를 만든다는 점입니다.

역사가는 과거 사람들이 남긴 흔적들, 즉 '사료'를 바탕으로 "그때 어떤 일이 있었는가"를 탐구합니다. 사람은 살아가면서 문서, 책, 일기, 비석, 생활 도구, 건축물 같은 수많은 흔적을 남깁니다. 이런 기록과 물건을 통해 우리는 과거의 삶을 들여다볼 수 있어요. 역사가는 바로 이 사료들을 바탕으로 과거의 사실들을 정리하고 재구성하여 지금을 사는 사람들에게 의미 있는 이야기로 전달합니다.

좀 더 구체적으로 말하자면, 역사가는 한 사건이 왜 일어났는지, 어떤 과정을 거쳐 어떤 결과를 남겼는지를 논리적으로 설명하는 일을 합니다. 예를 들어볼까요? 3·1운동을 연구하는 역사학자들은 그 사건이 단순한 하루짜리 만세 시위가 아니라는 사실을 밝혀냈습니다. 당시 일제의 식민 지배에 저항해 수개월 넘게 전국에서 수백만 명이 참여한 거대한 항일 운동이었고, 그 영향으로 대한민국 임시정부의 수립에도 불을 지폈다는 사실을 사료를 통해 구체적으로 규명한 것이죠. 역사가는 이처럼 과거를 있는 그대로 보여주는 데서 멈추지 않고, 그 사건이 지금 우리에게 어떤 의미를 지니는지 해석하고 전달합니다. 그렇기에 역사가가 만드는 이야기는 기억해야 할 진실이자 오늘을 살아가는 사람들을 위한 지혜가 되는 것입니다.

역사는 그것을 바라보는 '관점'에 따라 달라질 수 있습니다. 비유하자면, 색안경을 쓰고 세상을 볼 때 같은 사물이 유리알의 색깔에 따라 다르게 보이듯, 역사도 역사가가 어떤 시각을 가지고 과거를 바라보느냐에 따라 전혀 다른 이야기로 풀릴 수 있습니다.

예를 들어볼까요? 500년 역사를 자랑하는 고려에 종지부를 찍고 조선을 세운 이성계에게도 상반된 평가가 내려집니다. 어떤 역사가들은 그를 "고려를 배신하고 쿠데타를 일으킨 반역자"로 평가하고, 또 다른 역사가들은 "부패한 고려를 무너뜨리고, 백성을 위한 새로운 나라를 세운 영웅"으로 봅니다. 이처럼 과거에 일어난 '사건'은 하나지만, 그 사건을 어떻게 해석하느냐는 사람마다 다를 수 있습니다. 그래서 역사는 정해진 '정답'이 있는 과목이 아니라 다양한 관점으로 바라볼 수 있는 열린 학문인 거예요.

이쯤에서 한 가지 더 짚어보고 싶습니다. '역사'와 '역사학'은 같은 걸까요, 아니면 다른 것일까요? 서로 깊이 관련은 있지만, 역사와 역사학은 구분해서 이해해야 하는 개념입니다. 간단히 정리해보면 이렇게 나눌 수 있어요:

	역사	역사학
대상	과거 사건 그 자체	과거 사건에 대한 연구와 해석
목적	과거 사건을 있는 그대로 기록	과거 사건을 분석하고 해석하여 의미를 부여
방법	과거 기록과 유물을 통해 사실을 확인	과거 기록과 유물을 분석하고, 다양한 관점에서 해석

이처럼 역사는 '무슨 일이 있었는가'를 다루고, 역사학은 '왜 그런 일이 일어났으며, 어떤 의미를 가지는가'를 탐구합니다. 따라서 우리가 역사책을 읽을 때는 단순히 사실을 외우기보다는 그 안에 담긴 해석과 의미를 함께 읽어내는 연습이 필요합니다.

역사를 정확히 이해하기 위해서 무엇이 필요한가요?

역사는 과거에 실제로 일어난 사건이고, 역사학은 그 과거를 연구하고 해석하는 학문입니다. 우리가 배우는 대부분의 역사 지식은 역사가들이 사료를 바탕으로 밝혀낸 과거의 사실들, 즉 역사학의 연구 결과에 해당하지요. 물론 역사가마다 해석의 관점은 다를 수 있지만, 과거에 실제로 일어난 사실 자체를 바꿀 수는 없습니다. 그런데 역사를 부정하는 사람들은 이러한 사실 자체마저 인정하지 않으려 합니다.

최근 제 주변에서 있었던 일을 예로 들어볼게요. 2025년 3월 4일, 초등학교 6학년인 딸아이가 1학년 남동생의 어깨를 주먹으로 한 대 쳤습니다. 딸은 "허락도 없이 내 방에 들어와 물건을 가져갔기 때문"이라고 했고, 아들은 "그 물건은 내 거였고, 어쩔 수 없이 찾으러 들어갔다"고 주장했습니다. 이 상황에서 누가 더 잘못했는지에 대한 판단은 사람마다 다를 수 있어요. 하지만 한 가지는 분명합니다. '2025년 3월 4일, 누나가 동생을 때렸다'는 과거의 사실은 바뀌지 않습니다. 그런데 역사 부정은 바로 이런 사실 자체를 인정하지 않으려는 태도를 말합니다. 즉, '때린 적 없다'고 주장하며 실제로 있었던 일을 없었던 일로 만들려는 것, 그것이 바로 역사 부정입니다.

'역사 부정'이라는 개념은 유럽에서 먼저 문제로 떠올랐습니다. 제2차 세계대전 당시 독일은 수백만 명의 유대인을 조직적으로 학살했습니다. 이 사건은 '홀로코스트'라고 불리는데요, 문제는 전쟁이 끝난 뒤에도 일부 사람들이 이 끔찍한 사건을 인정하지 않았다는 점입니다. 그들은 "홀로코스트는 실제로 일어나지 않았다"거나 "있었다고 해도 희생자 수가 과장되었다"고 주장했지요. 이처럼, 명백한 역사적 사실을 부인하거나 축소하는 것, 그것이 바로 역사 부정의 시작이었습니다.

우리 역사에서도 역사 부정 사례는 존재합니다. 일제강점기, 일본은 조선인들을 강제로 끌고 가 전쟁에 참여시키고, 노동과 성 착취의 대상으로 삼았습니다. 하지만 지금의 일본 정부는 이를 인정하지 않고, "군이 직접적으로 개입하지 않았고, 조선인들이 자발적으로 참여한 것"이라고 주장합니다. 이처럼 실재했던 과거의 사건을 부정하거나 왜곡하는 행위가 바로 역사 부정입니다.

'난징 대학살' 또한 역사 부정의 대표적인 사례입니다. 1937년, 일본이 중국 난징을 침략하면서 6주 동안 30만 명이 넘는 중국인이 학살되거나 다친 이 참혹한 사건은 전 세계에

충격을 안겨주었습니다. 하지만 일본 정부는 이를 '난징 사건'으로 축소하여 부릅니다. 공식 명령에 따른 조직적 학살이 아니었고, 전쟁 중 우발적으로 발생한 민간인 피해에 불과하다고 주장하면서요. 그뿐인가요? 일본은 피해자 수가 과장되었다는 입장을 꾸준히 내세우고 있습니다.

이러한 역사 부정은 오랫동안 중국과 일본 관계의 갈등 원인이 되어 왔습니다. 양국의 상호 이해와 협력을 가로막는 장애물이기도 하지요. 2014년, 중국은 12월 13일을 '난징 대학살 희생자 국가 추모일'로 지정하고, 매년 추모 행사를 통해 전쟁의 참혹함을 기억하고, 평화의 가치를 되새기며 이를 기리고 있습니다.

역사 부정은 단순한 의견 차이가 아닙니다. 그것은 피해자에게 또 한 번의 상처를 안기는 행위입니다. 이미 큰 고통을 겪은 사람들과 그 후손들은 역사를 부정하거나 축소하는 목소리로 인해 다시 가해를 당하게 됩니다. 또한 역사 부정은 종종 특정 집단에 대한 혐오와 차별을 정당화하는 데 악용되기도 합니다. 이로 인해 피해자 집단이 공동체에서 배제되거나 불필요한 사회적 갈등과 분열이 발생할 수도 있지요. 더 나아가 역사를 왜곡하고 잘못된 정보를 퍼뜨리는 일은 미래 세대에게까지 잘못된 역사 인식을 심어줄 수 있습니다.

역사 부정에 물들지 않기 위해서는 무엇보다 '역사를 제대로 공부하는 것'이 중요합니다. 역사를 공부하다 보면 자연스럽게 역사를 바라보는 '생각'과 '관점', 즉 역사관이 형성됩니다. 이 역사관은 누군가가 대신 만들어줄 수 있는 것이 아닙니다. 스스로 공부하고, 질문하고, 생각하면서 차곡차곡 쌓아가야 하는 것이지요. 한 가지 명심해야 할 것은 그 과정에서 다른 사람의 주장을 무턱대고 받아들이거나 거부하지 않고, 겸손한 태도로 스스로의 생각을 점검하는 자세가 필요하다는 점입니다.

역사적 사실을 정확히 이해하고 기억하는 일은 사회 정의를 지키고, 공동체의 화해를 이루기 위한 기본 조건입니다. 하지만 "내가 아는 것이 전부"라고 확신하거나 단정해서는 안 됩니다. 내가 알고 있는 것 역시 틀릴 수 있다는 가능성을 열어두고, 이성적으로 판단하며, 감정적으로 휘둘리지 않으려는 노력이 중요하지요. 역사 부정은 사회 갈등과 혐오를 퍼뜨리고, 과거의 잘못을 왜곡하여 미래 세대에게 그릇된 인식을 남길 위험이 있습니다. 따라서 역사 부정을 주장하는 사람들의 말은 비판적으로 검토하고, 사실을 바탕으로 역사적 맥락을 올바르게 이해하는 태도를 길러야 합니다.

이쯤에서 처음 이야기로 돌아가 볼까요? 앞서 소개한 누나와 동생의 다툼은 어떻게 마무리되었을까요? 누나는 자신이 먼저 때렸다는 사실을 인정하고 사과했습니다. 사과를 받은 동생은 마음이 풀렸고, 자신이 누나의 방에 허락 없이 들어갔던 점도 미안하다고 말했지요. 그리고 두 사람은 앞으로 서로의 공간을 존중하자고 약속하며 화해할 수 있었습니다.

초등학생 아이들도 할 수 있었던 이 '진심 어린 인정과 대화'. 어른들이 못할 이유는 없겠지요? 과거를 마주하고, 잘못을 인정하고, 함께 나아가기 위한 태도. 그것이 역사를 정확히 이해하기 위해 갖춰야 할 태도입니다.

역사 체험학습에서 무엇을 하면 좋을까요?

역사를 공부할 때는 '체험학습', 또는 역사 과목에서 '현장 답사'라고 흔히 부르는 활동을 빼놓고 이야기할 수 없습니다. 우리가 알고 있는 역사적 사실은 문헌과 기록을 바탕으로 해석하고 재구성한 것이에요. 따라서 그 토대가 되는 유물과 유적은 '역사 지식의 어머니'로서 정말 중요하기 때문이지요. 특히 체험학습은 역사를 더 생생하게 이해하고 오래 기억하게 해주는 효과가 있습니다. 교과서 속 글자로만 배우던 내용을 직접 눈으로 보고, 몸으로 느끼면서 마치 '과거 여행'을 떠나는 듯한 경험을 하게 되거든요.

실제로 많은 학생이 직접 보고 들은 역사적 장면은 책에서만 접했을 때보다 훨씬 오래 기억하는 경향을 보이곤 하지요. 이런 교육적 효과를 알고 있기에 교사와 학부모들은 박물관이나 유적지로 아이들을 자주 데려가려고 노력합니다. 그런데, 막상 현장에 가면 어떤가요? 과연 아이들의 눈이 반짝이고, 깊이 생각하는 표정이 떠오르던가요? 현실은 대부분 그렇지 않습니다. 그렇다면 질문을 바꿔봐야겠지요. 아이들과 즐겁게 체험학습을 다니고, 그 안에서 진짜 '역사적인 경험'을 하게 도우려면 어떻게 해야 할까요? 우리는 체험학습 현장에서 아이들을 위해 무엇을 더 할 수 있을까요? 이제부터 그 이야기를 차근차근 나눠보려 합니다.

박물관 하나쯤, 여행 일정에 슬쩍 넣어볼까요?

학교에 처음 등교하던 날을 떠올려볼까요? 낯선 친구들 사이에서 어색하고 서먹했던 기억, 누구나 한 번쯤은 있지요. 하지만 시간이 지나면서 서로의 성격을 알아가고, 마음이 맞는 친구와 함께 지내다 보면 어느새 가까워져 있는 자신을 발견하게 됩니다. 언제 친해졌는지조차 기억나지 않을 정도로요. 역사와의 만남도 비슷하다고 생각해요. 억지로 외우고 받아들이기보다 자연스럽게 자주 마주치다 보면 조금씩 친근해지고 가까워집니다.

요즘은 아이들과 함께 유적지를 다닐 여유가 없는 게 현실이에요. 그렇다면 어떻게 해야 아이들이 억지스러움 없이, 역사와 자연스럽게 만날 수 있을까요? 방법은 의외로 가까이에 있습니다. 바로 '가족여행'이에요. 대부분 여름이나 겨울방학엔 한 번쯤 가족여행을 떠나잖아요? 그때 여행지 근처의 박물관이나 유적지를 일정 속에 살짝 끼워 넣어보는 것만으로도 역사와의 첫 만남이 될 수 있어요.

저도 사제동행 프로그램을 기획할 때 여행이라는 틀 안에 박물관이나 유적지를 하나쯤 꼭 넣습니다. 예를 들어 학생들과 군산 여행을 떠났을 땐, 대부분은 맛집 탐방과 명소 방문으로 일정을 짰지만, '군산 근대역사박물관'만큼은 꼭 포함시켰지요. 그런데 이걸 굳이 '역사 답사'라고 말하지 않았습니다. 그렇게 말하면 괜히 부담을 느끼거나 흥미가 떨어지는 학생들이 생길 수 있으므로 그냥 여행 일정 중 하나로 소개했어요. 그러자 학생들도 가볍게 받아들이고, 오히려 생각보다 더 즐겁게 반응하더라고요.

바쁜 부모님 입장에서도 시간을 효율적으로 쓸 수 있고, 아이들에겐 부담 없이 역사와 인사하는 기회가 될 수 있어요. 물론 처음엔 아이들이 크게 관심을 보이지 않거나 대충 지나칠 수도 있어요. 괜찮아요. 그건 당연한 일이에요. 이 단계에서 가장 중요한 건, 억지로 공부시키는 것이 아니라 역사와 자연스럽게 '마주치게' 해주는 것이니까요. 이번 가족여행에는 박물관 하나쯤 살짝 끼워넣어 보는 건 어떨까요? 그 작고 조용한 시도가 아이들을 역사와 처음 인사하는 순간으로 안내할지도 모릅니다.

질문을 먼저 해보는 것은 어떨까요?

가족여행 중 박물관에 들렀을 때, 아이들이 눈을 반짝이며 전시물을 바라보고, 궁금한 내용을 척척 질문해온다면 정말 이상적이겠지요. 하지만 현실은 꼭 그렇지만은 않아요. 대부분의 아이들은 큰 관심 없이 휙휙 지나치거나 질문 하나 없이 관람을 마치기도 하죠. 이럴 땐 어떻게 해야 할까요? 바로 부모님이 먼저 아이에게 질문을 던져보는 거예요. 질문은 아이의 시선을 머물게 하고, 관심을 붙들어주는 가장 간단한 장치입니다.

물론 처음에는 너무 어려운 질문을 삼가야 합니다.

"이 인물의 이름이 뭘까?"
"이거 어디서 본 적 있지 않아?"
"이 그릇은 뭐 만들 때 쓴 거 같아?"

이렇게 한 마디로 대답할 수 있는 간단한 질문부터 시작해보세요. 이런 작은 질문에 익숙해진 아이는 점점 전시물에 더 집중하게 되고, 조금씩 생각의 폭도 넓어집니다. 그다음엔 조금 더 생각할 여지가 있는 질문들로 깊이를 더해봅니다.

예전에 제가 학생들과 함께 용산 전쟁기념관에 간 적이 있어요. 남학생들이라 전쟁사에 관심이 많을 거라 생각했지만, 현실은 핸드폰 게임에 더 정신이 팔려 있었지요. 그래서 저는 질문을 던지기 시작했어요.

"작전명 크로마이트가 뭘까?"

"6·25전쟁 당시, 우리 군은 압록강까지 진격했는데 왜 다시 후퇴했을까?"

이런 질문들은 해설판을 꼼꼼히 읽으면 누구나 답을 찾을 수 있는 수준이었습니다. 그래도 질문을 자꾸 던졌더니 아이들의 시선이 점점 전시물로 향하기 시작했어요. 물론 "정답을 많이 맞히면 간식 사준다"는 유혹도 한몫했을 테지만, 이 상황의 핵심은 질문이 아이들의 주의를 돌려줬다는 점이었습니다.

질문은 아이의 마음을 여는 열쇠가 될 수 있습니다. 아이들이 역사에 자연스럽게 빠져들도록 돕고 싶다면, 질문으로 먼저 다가서보는 건 어떨까요? 생각보다 큰 효과가 있을지도 모릅니다.

질문에 대한 답을 함께 찾아볼까요?

답사에 어느 정도 익숙해진 아이들은 어느 순간부터 슬쩍슬쩍 질문을 던지기 시작할 것입니다. "엄마, 이게 베개래요. 진짜 이걸 베고 잘 수 있었을까요? 너무 불편해 보여요!"

이럴 때 부모님이 모든 질문에 정답을 알고 있어야 하는 건 아니에요. 어쩌면, 모르는 게 더 자연스러울지도 몰라요. 중요한 것은 "그러게?"에서 멈추지 않고, "그럼, 우리 같이 찾아볼까?"와 같이 대꾸하면서 아이의 호기심을 '탐구'로 이어주는 태도입니다.

예전에 학생들과 함께 군산 근대역사박물관에 간 적이 있어요. 그때 한 학생이 이렇게 물었죠. "선생님, 일본은 왜 하필 군산을 식량 운송 기지로 삼았을까요?" 그 순간 저는 그 자리에서 답을 말해주지 않았습니다. 박물관을 다 둘러보면 자연스럽게 그 이유를 알게 되는 구성이었기에 아이 스스로 답을 찾기를 바랐습니다. 그래서 이렇게 대답했어요. "좋은 질문이야! 우리 그 답을 박물관에서 한번 찾아볼까?" 하고요. 그 학생은 자신이 던진 질문의 실마리를 찾기 위해 훨씬 집중해서 관람하기 시작했고, 결국 스스로 답을 찾아냈습니다.

사실 고백하자면, 저도 그 질문의 답을 정확히 기억하고 있지는 않았어요. 사제동행 프로그램을 준비하면서 처음 알게 된 내용이었고, 순간 생각이 잘 나지 않아서 함께 찾아보자고 한 거였죠. 그런데 돌이켜보면, 그게 오히려 훨씬 더 교육적인 선택이었던 것 같아요. 실제로 아이들이 던지는 질문 중 상당수는 박물관 안에서 직접 답을 찾을 수 있는 것들이에요. 유물 옆에 붙은 설명문들, 자세히 들여다보면 대부분의 질문에 대한 열쇠가 적혀 있거든요. 그럴 땐 정답을 바로 말해주기보다는 "설명문에 뭐라고 쓰여 있을까?" 하고 아이에게 먼저 살펴보도록 유도해주는 것이 훨씬 더 효과적이에요. 물론, 설명문만으로는 답을 찾기 어려운 경우도 있지요. 그럴 땐 큐레이터의 설명을 들어보거나, 스마트폰을 활용해 함께 검색

해보는 것도 좋은 방법입니다.

아이들이 무심코 던진 질문이라도 그냥 넘기지 않고 함께 고민해주는 것, 그 과정에서 탐구의 실마리를 잡게 해주는 것, 그게 바로 체험학습의 진짜 힘이라고 생각해요. 그렇게 쌓인 작은 질문과 탐색의 경험들이 아이들의 탐구력과 주도적 학습 능력을 키워주는 밑거름이 될 겁니다.

※ 예상 질문

Q. 선생님. 체험학습을 함께했던 학생은 역사에 관심이 많고, 공부를 잘해서 그런 질문을 한 것 아닐까요? 우리 아이도 그런 질문을 할까요?

A. 결론부터 말씀드리자면, 대부분의 아이들은 체험학습을 하면서 질문하게 될 것입니다. 저와 함께했던 학생들은 특성화고등학교 학생들로서 전공 공부에 중점을 두고, 한국사에는 큰 관심이 없는 학생들이에요. 더군다나 그 학생들은 다문화가정 학생들로서 문화 체험의 기회가 부족한 상황이었어요. 그 아이들이 유별나서 질문을 한 것은 아니라고 말씀드리고 싶어요. 우리 아이들이 지적 호기심을 가지고 질문을 할 수 있도록 같이 도와주는 게 정말 중요할 것 같아요.

활동을 함께해보면 어떨까요?

하지만 어떠한 질문도 하지 않고, 반대로 질문을 던져도 별다른 반응을 보이지 않는 아이들도 있을 것입니다. 그럴 때 어떻게 하면 아이들이 역사에 관심을 가지고, 흥미를 붙일 수 있도록 도와줄 수 있을까요? 정답은 하나의 활동을 하게끔 유도하는 것입니다. 여러 방법이 있지만, 그 가운데 몇 가지를 추천드리고 싶어요.

1) 스탬프 투어 활용하기

첫 번째 팁은, 관광지의 '스탬프 투어'를 활용하는 방법이에요. 예를 들어 군산이나 경주 같은 지역에는 스탬프를 찍으며 유적지를 돌아보는 프로그램이 운영되고 있어요. 이 투어를 따라다니다 보면 스탬프를 모으기 위해 자연스럽게 여러 박물관과 유적지를 방문하게 되고, 그 과정에서 다양한 역사 지식을 몸으로 익히게 됩니다. 무엇보다도 아이들에게는 이 활동이 마치 '게임'처럼 느껴질 수 있어요. 각 지점을 돌며 스탬프를 찍는 과정이 게임 속 퀘스트를 하나씩 깨는 느낌과 비슷하거든요. 이처럼 놀이의 방식으로 흥미를 유도해준다면, 아이들이 역사에 훨씬 더 친근하게 다가갈 수 있지 않을까요?

2) 모두(MODU) 플랫폼 활용하기

두 번째 팁은 국립박물관을 방문했을 때 '모두(MODU)' 교육 플랫폼을 활용하는 것입니다. '모두'는 국립중앙박물관을 포함해 총 13개 소속 박물관의 교육 콘텐츠를 탐색·체험·공유할 수 있는 디지털 공간이에요. 그중에서 제가 특히 추천드리고 싶은 것은 '사전 소개 영상'과 '활동지'입니다.

먼저, 사전 소개 영상은 관람 전에 전시물의 개략적인 내용을 미리 파악할 수 있어 아이들의 호기심을 유발하는 데 도움이 돼요. 또한, 박물관 관람 시 지켜야 할 예절과 태도도 영상 안에 자연스럽게 포함돼 있어 관람 전에 꼭 함께 보면 좋습니다. 다음으로 활동지는 박물관을 관람하면서 직접 작성하는 워크시트인데요, 아이들이 전시물을 더 꼼꼼히 관찰하고, 집중력을 유지하면서 질문에 답해보는 연습도 함께 할 수 있어요. 이러한 과정이 단순한 '구경'이 아니라 능동적인 '탐구'의 경험으로 확장되도록 도와줄 것입니다.

3) 답사 보고서 작성하기

세 번째 팁으로는 '답사 보고서 작성하기'를 추천하고 싶습니다. 거창한 활동은 아니에요. 하나의 탐구 질문을 정하고, 그에 맞춰 사진과 간단한 해설을 덧붙이는 방식이면 충분합니다. 답사 보고서를 작성하는 활동의 장점은 무엇일까요?

첫째, 더 집중력 있는 관람이 가능해집니다. 보고서를 작성한다는 목표가 생기면 현장에서의 관찰과 질문이 훨씬 능동적으로 바뀌어요. 또한 보고서를 쓰는 과정에서 체험 내용을 다시 떠올리며 학습이 자연스럽게 반복되기도 합니다.

둘째, 아이만의 '작품집'을 만들 수 있습니다. 여행지마다 작성한 보고서를 모으면 하나의 멋진 역사 포트폴리오가 완성되고, 아이 스스로도 자부심을 느끼며 흥미를 지속할 수 있습니다.

셋째, 자신만의 관점이 생깁니다. 답사 보고서를 쓸 때 가장 먼저 할 일은 탐구 주제를 정하는 것인데요, 이 주제는 같은 장소를 다녀와도 아이마다 전혀 다르게 나옵니다. 이렇게 자기가 무엇을 중요하게 보는지 표현하고, 그 시선이 반복되는 과정을 통해 관심 분야가 또렷해지고, 자기만의 관점이 형성되는 거죠.

이때 무엇보다 중요한 점은 아이 혼자 하게 두지 않는 것이에요. 처음엔 어렵고 막막해서 포기해버릴 수도 있으니까요. 부모님과 함께 사진을 고르고, 내용을 정리하고, 질문을 다시 던져보는 시간. 이 '함께하는 과정' 자체가 단순한 체험을 의미 있는 학습으로 전환시키는 가장 강력한 힘입니다.

※ 우리 아이의 적극적인 참여를 독려하기 위해서 약간의 경쟁 요소를 덧붙여도 좋을 것 같아요. 예를 들어 '사진 콘테스트' 같은 것이죠. 하나의 전시물에 대해 누가 더 잘 찍었나를 경쟁하고, 선정된 사진을 답사 보고서에 첨부하는 것이에요. 자신이 찍은 사진을 넣고 싶어서 조금 더 잘 찍기 위해 노력할 테고, 그 과정에서 전시물 관람에 더 집중할 수 있을 것입니다.

여행을 마치고 나면 잠깐이라도 아이와 마주 앉아 공유했던 경험을 정리해보면 좋겠습니다. 짧은 시간일지라도 아이에게는 오래 남는 기억이 될 테고 배움은 더욱더 깊어질 것입니다.

탐구 주제: _____

_____

1. 답사 내용

사진	내용	사진	내용
유물 혹은 유적지 사진			
명칭			

사진	내용	사진	내용
유물 혹은 유적지 사진			
명칭			

2. 새롭게 알게 된 점: _____

_____

_____

3. 느낀점: _____

_____

_____

역사 유적지는 어디부터 가는 것이 좋아요?

마지막으로, 부모님들께서 자주 하시는 질문 하나를 소개하고 싶어요. 바로 "역사 유적지는 어디부터 가는 게 좋을까요?"라는 질문인데요, 결론부터 말씀드리자면, 정해진 정답은 없습니다. 어디를 먼저 가느냐보다 더 중요한 것은 우리 아이가 역사에 대해 관심과 흥미를 갖고, 역사 지식이 쌓이는 과정을 이해해가는 것입니다. 그럼에도 조심스럽게 두 가지 기준을 추천드릴 수 있습니다.

1) 집에서 가까운 곳부터 가자

가장 손쉬운 출발점은 아이의 일상 가까이 있는 역사 공간입니다. 역사는 특별한 장소에서만 일어나는 것이 아니라, 우리가 살아가는 공간 속에서도 계속되어 왔다는 사실을 알려줄 수 있어요. 또한 "우리 동네에도 유적지나 박물관이 있구나"라는 작은 깨달음 하나만으로도 역사에 대한 거리감이 줄어들고, 일상과 연결된 역사 인식이 가능해집니다. 자신이 살고 있는 지역의 역사에 대해서는 아이들이 비교적 높은 관심을 보이는 경향도 있답니다.

2) 아이의 관심사와 연결된 곳부터 가자

두 번째 기준은 아이의 관심사와 맞닿아 있는 주제의 역사 공간입니다. 예를 들어 자녀가 무기나 전쟁 이야기에 관심이 많다면 용산 전쟁기념관을 방문해보세요. 일제강점기나 독립

운동에 관심 있는 아이라면 군산 근대역사박물관이나 천안 독립기념관에 가보면 좋을 것입니다. 이처럼 아이가 좋아하고 궁금해하는 주제에서 출발하면 참여 동기와 몰입도가 훨씬 높아집니다. 이때 활용해볼 수 있는 활동이 하나 있어요. 바로 '답사 계획서 작성하기'입니다. 앞서 소개했던 '답사 보고서'의 준비 단계라고 생각하시면 좋아요. 답사 전, 아이와 함께 어디를 갈지 정하고 그곳에 어떤 유물이나 전시물이 있는지 미리 조사해보는 거예요. 이 과정은 아이 스스로 관심 분야를 선택하고, 사전 지식을 쌓으며 기대감을 높이고, 답사 후의 보고서 작성까지도 훨씬 체계적으로 이어질 수 있도록 도와줍니다. 또한, "어디부터 가야 하지?" 하고 망설이던 부모님의 고민도 자연스럽게 아이의 선택으로 전환시킬 수 있고요. 답사 계획서 작성하기는 아이 스스로 가고 싶은 곳을 고르고, 무엇을 봐야 할지를 고민하게 만드는 '주체적인 역사 학습'의 출발점이 될 수 있습니다.

어디로 떠나볼까요?
지역은?
장소는?
가고 싶은 이유는?
그곳의 매력은?

역사 답사의 가장 큰 의미는 역사적 사실을 생생하게 만나고 역사에 조금 더 쉽게 다가갈 수 있게 해주는 데 있어요. 어디부터 시작할지는 여행 상황과 아이의 관심에 따라 유연하게 조정해도 괜찮습니다.

지금까지 우리 아이가 역사 여행에 흥미를 느끼고 그 안에서 깊이 있는 경험을 할 수 있도록 돕는 방법들을 살펴보았습니다. 마지막으로 꼭 전하고 싶은 말이 있어요. 바로 "기다림의 시간이 필요하다"는 것입니다. 아이들이 역사에 관심을 갖고 스스로 그 의미를 발견하기까지 부모님이 시간과 여유를 지니고 기다려주시면 좋겠습니다.

조급해하지 마세요. 아이를 믿고, 따뜻하게 곁에서 함께 걸어가는 그 시간이 무엇보다 중요한 역사 여행의 일부랍니다. 굳게 닫혀 있던 마음의 문도 언젠가는 천천히, 조용히 열릴 거예요. 역사 여행이 가진 소중한 의미를 함께 되새기며, 우리 아이가 역사와 한 걸음 더 가까워질 수 있도록 곁에서 함께 걷지 않으시겠어요?

역사를 공부해서
어떤 진로로 나갈 수 있나요?

예능 프로그램 〈유퀴즈〉에 '프로 이직러'라는 타이틀로 출연한 한 여배우가 있어요. 그녀는 "어릴 적부터 배우가 꿈이었냐"는 질문에 "아니오"라고 대답했어요. 기자였던 부모님의 영향을 받아 기자를 꿈꿨고, 성적에 맞춰 컴퓨터공학과에 진학한 뒤 여러 직업을 거쳐 지금의 '배우'가 되기까지는 꽤 오랜 시간이 걸렸다고 말했죠.

또 다른 사례도 있어요. 한 인기 예능 PD는 자신이 운영하는 유튜브 채널에서 모교를 방문해요. 그는 졸업한 대학의 행정학과에서 전공 수업을 다시 듣고, 학창 시절 활동하던 연극 동아리실도 찾아가요. 그러면서 "어릴 적 꿈은 배우였다"고 이야기합니다.

혹시 두 사람의 공통점, 눈치채셨나요? 바로 학창 시절의 꿈, 대학에서의 전공, 현재 직업이 모두 다르다는 점이에요. 2024년 통계청 자료에 따르면 전공과 직업이 "매우 일치하거나 어느 정도 일치"하는 경우는 37.4%, 반면 "별로 일치하지 않거나 전혀 일치하지 않는다"는 경우는 39.5%였어요(출처: 통계청 KOSIS). 이처럼 대학 전공과 실제 직업이 맞아떨어지는 경우는 생각보다 많지 않아요.

요즘은 '꿈이 없어요'라고 말하는 학생도 많고, 이를 반영해 일부 대학에서는 '자유전공학부'처럼 여러 학문을 접하면서 진로를 탐색할 수 있는 제도를 운영하기도 해요. 그런데도 대한민국에서는 여전히 대학의 이름값, 그리고 전공이 취업에 얼마나 유리한지가 중요한 잣대처럼 여겨지죠. 그래서 "역사학과요? 그거 해서 어디 써먹어요?" 같은 말을 듣게 되는 것도 사실입니다. 역사학은 왠지 고리타분하고, 어렵고, 돈 안 될 것 같고, 취업할 데가 마땅치 않아 보인다는 선입견이 있으니까요. 하지만 꼭 말하고 싶어요. 역사를 전공해서 할 수 있는 일은 정말 다양하고 무궁무진합니다. 단 하나, "나는 역사를 어떻게 계속하고 싶은가?"라는 질문에 대해 진지하게 고민해본다면 말이죠.

역사를 가르치고 싶다면?

역사를 전공한 사람들이 택하는 진로 중, 여러분이 가장 쉽게 접할 수 있는 직업군은 '역사적 내용을 전달하는 직업'입니다. 대표적으로 역사 교사나 역사 교수가 있죠. 최근에는 유명 강사들의 영향으로 학원에서 가르치는 '역사 강사'가 되고 싶다는 학생들도 꽤 많아졌어요. 또한 여행 가이드나 문화 해설사도 역사 콘텐츠를 전달하는 직업군에 포함됩니다.

하지만 이 직업들이 모두 역사 전공자에게만 열려 있는 건 아니에요. 예를 들어 역사 강사는 역사 전공자가 아닌 경우도 많습니다. 지식과 '교수법'은 별개의 능력이기 때문이에요. 문화 해설사나 여행 가이드 역시 해당 분야의 자격시험과 실무 능력이 더 중요할 수도 있습니다. 즉, 꼭 역사를 전공해야만 이 일을 할 수 있는 것은 아니라는 뜻입니다.

반면, '역사 교사'는 예외입니다. 역사 교사가 되려면 반드시 역사 전공을 기반으로 중등학교 정교사(2급) '역사' 교원자격증을 취득해야 합니다. 자격증을 받는 방법은 크게 두 가지예요. 사범대 역사교육과를 졸업하면 자격증이 자동으로 발급되고, 비사범대 역사학과 학생도 일정 과정을 이수하면 '교직 이수 제도'를 통해 자격을 받을 수 있어요.

하지만 자격증만 있다고 끝이 아닙니다. 국공립학교 교사가 되려면 1년에 한 번 있는 '임용고시'에 합격해야 하죠. 이 모든 관문을 통과해야 비로소 정식 역사 교사가 될 수 있습니다. 이 과정이 결코 쉽지 않고, 최근에는 교사를 '교육 서비스 제공자' 정도로만 인식하는 씁쓸한 현실도 있어요. 그래도 역사 교사로 살아 보니, 누군가의 단 한 번의 빛나는 청춘의 시간을 함께할 수 있다는 점이 가장 큰 보람이자 매력이라고 생각해요. 역사는 '순간'을 '의미있게 기억'하는 학문이니까요.

역사를 깊게 연구하고 싶다면?

혹시 모험 영화의 고전인 〈인디아나 존스〉 시리즈를 아시나요? 주인공 인디아나 존스는 고대 문명을 탐사하는 고고학자로 등장합니다. 이 영화가 인기를 끌자 챙 넓은 모자, 황토색 셔츠와 카고바지, 등산화, 삽 등이 고고학자의 상징처럼 여겨지게 되었죠. 실제로 고고학자는 과거의 흔적이 남아 있는 야외 현장에서 유물과 유적을 발굴, 복원, 해석하는 일을 합니다.

물론 이 과정은 체력적으로도 쉽지 않아요. 그래서 "너무 힘들 것 같다"고 걱정하는 사람들도 많죠. 그런 분들에겐 실내 중심의 역사 연구 직업인 '학예연구사'도 하나의 좋은 선택지가 될 수 있어요. 학예연구사는 박물관이나 미술관 등에서 관람객을 위해 유물을 수집하고, 관리하며, 전시를 기획하는 사람들입니다. 최근에는 박물관 교육 프로그램을 개발하고 운영하는 일도 함께하고 있죠. 기획력과 대중 친화력이 함께 요구되는 직업입니다.

또 조금은 덜 알려졌지만, 국가유산 보존에 있어 핵심적인 역할을 맡고 있는 직업도 있어요. 바로 문화재 보존 전문가입니다. 쉽게 말하면, '문화유산의 주치의'라고 할 수 있는 직업입니다. 이들은 파손된 유물을 복원하고, 오랜 시간 안전하게 보존되도록 과학적 처리를 담당합니다. 특히 이 분야는 역사 전공 외에 화학, 생명과학 등의 지식도 요구돼요. 왜냐하면 보존 처리에 사용되는 약품이나 유물을 훼손하는 곰팡이·미생물 등 생명체에 대한 이해가 필수이기 때문이죠.

이렇게 다양한 분야에서 활동하는 역사 전공자들의 공통점은 단 하나, 바로 '역사에 대한 깊은 애정과 사명감'입니다. 이러한 감정이 없다면 먼지투성이의 유물을 오래 들여다보는 집중력도, 그것을 어떻게 알려야 할지 밤새워 궁리하는 열정도, 후세까지 오래 남길 방법을 찾아가는 꾸준함도 쉽게 사그라들고 말겠지요. 결국 이 직업들은 지식보다 마음이 더 오래 가야 가능한 일들이라고 할 수 있겠죠?

역사와 관련된 다른 직업군에도 관심이 있다면?

역사는 다른 분야와 융합해서 확장할 수 있는 직업도 많습니다. 예를 들어 공무원 분야에서는 국가유산 행정직이나 학예직 공무원이 대표적이에요. 국가유산청 같은 중앙 부처에서 일할 수도 있고, 앞서 이야기한 학예연구사 중 국립 박물관이나 국책 연구기관에서 근무하는 경우도 이에 해당합니다.

또 하나 주목할 만한 분야는 국제기구입니다. 유네스코 한국위원회처럼 역사 및 문화유산을 다루는 국제기구에서 연구 동향을 모니터링하거나 연구 지원 사업을 기획하는 일을 맡을 수 있어요. 유물을 직접 다루는 일은 아니지만, 역사 콘텐츠가 세계로 확산될 수 있도록 정책적으로 뒷받침하는 역할을 합니다.

언론 분야도 역사 전공자가 진출할 수 있는 매력적인 영역이에요. 예를 들어 역사 전문 기자나 역사 다큐멘터리 PD 등은 역사적 사실에 대한 해박한 지식을 바탕으로 기사나 영상으로 사람들에게 올바른 역사 인식을 전파하는 일을 하게 됩니다.

역사를 주제로 창작하는 예술가나 작가도 있어요. 유튜브 채널을 운영할 수도 있고, 역사를 전문적으로 다루는 출판 편집자가 될 수도 있고, 웹툰이나 드라마의 원작 기획자도 될 수 있습니다. 물론 역사 전공자가 아니어도 역사 이야기를 다루는 길은 많지만, 정확한 역사 배경지식을 지닌 전공자라면 여러 분야에서 역사 왜곡을 줄이고 보다 깊은 울림과 교훈을 전달하는 작품을 만들 수 있겠죠? 이런 작업은 때때로 사람들이 잊고 있던 역사의 한 장면을 다시 조명하고 환기하여 우리 시대에 맞는 방식으로 과거와 현재를 잇는 다리가 되어주기도 합니다.

역사를 공부해서 할 수 있는 일이 이렇게나 다양하다니, 참 놀랍지 않아요? 그렇습니다. 역사는 결코 닫힌 영역이 아닙니다. 다양한 분야와 손을 잡고, 새로운 언어와 방식으로 계속해서 사람들과 만나는 길을 만들어가니까요.

학생들과 진로 상담을 하다 보면 "하고 싶은 게 없어요", "뭘 해야 할지 모르겠어요"라며 하소연하는 친구들을 종종 만납니다. 반대로, 하고 싶은 게 너무 많아서 어느 한 가지를 선택하지 못하는 친구도 있고요. 최근에는 "그냥 쉬운 일만 하고 싶어요"라거나 "알바만 하면서 살고 싶어요", 혹은 "굳이 직업 없어도 되지 않나요?" 하는 친구들도 있어요. 그럴 때면, 요즘 세대가 처한 현실을 생각하며 충분히 이해하면서도 답답해지곤 합니다. 또 "부모님이나 사회가 원하는 일을 할래요."라고 말하는 친구들도 있는데요, 그 말에 정작 자신의 목소리나 자신의 이름이 없는 것 같아 마음이 아픕니다. 분명, 자신의 인생일 텐데요.

인생에 100%라는 건 없습니다. 아무리 열심히 준비해도 계획대로 흘러가지 않는 게 현실이죠. 사실 역사도 그래요. 번영과 몰락, 성공과 아픔이 반복되고, 불현듯 터지는 한 사건이 역사의 방향을 송두리째 바꾸기도 하니까요. 순식간에 우리가 알던 세상이 아닌 낯선 세상으로 변하기도 합니다. 그럼에도, 앞선 세대 중 누군가는 '자신이 전공하지 않은 분야'에서 성공하기도 했습니다. 그들이 현실적인 이익만 좇았기 때문일까요? 세상의 눈치를 봐서였을까요? 저는 그렇게 생각하지 않아요. 그들은 자기 마음속에 오래 품고 있던 것을 외면하지 않았고, 그 안의 가능성을 꺼내어 자신의 능력으로 다듬어낸 사람들이었습니다.

부모님들께 꼭 말씀드리고 싶어요. 자녀가 어떤 마음을 품고 있든, 그 목소리에 힘을 실어주세요. 그것이 역사를 전공하겠다는 선택이더라도요. 왜냐하면 자녀가 역사를 배우겠다고 마음먹었다는 것은, 그들에게 세상을 이해하고, 사람을 이해하며, 미래를 더 나은 쪽으로 바꾸고 싶다는 의지가 있다는 뜻이기 때문입니다.

제2부 역사 공부는 어떻게 하나요?

역사 공부는
어떻게 시작해야 하나요?

역사 공부의 핵심은 흐름과 키워드예요. 역사 시험 문제는 크게 두 종류로 구분할 수 있어요. 흐름을 물어보는 문제와 구분, 또는 분류하는 문제로 말이죠.

역사는 시간의 학문입니다. 그리고 모든 일에는 원인과 결과가 있답니다. 따라서 역사를 공부할 때는 '이야기'를 읽고 이해하듯 공부해야 합니다. 주제나 단원이 다르다고 이를 따로 공부했다가는 낭패를 보기 십상이에요. 하나의 줄에 구슬을 꿰듯이 흐름을 이야기할 수 있어야 해요. 또 단원을 넘나들면서 다른 시대, 사건, 인물 등을 구분하고 분류할 줄 알아야 합니다. 공통점과 차이점을 잘 찾아야 시험에서 좋은 결과를 얻을 수 있습니다.

역사 공부에 따른 몇몇 오해, 혹은 착각이 있는 것 같습니다. 그중 하나는 '외울 것이 (다른 과목에 비해) 많다'는 것이고, 다른 하나는 '다 외우면 성적이 잘 나올 거야'라는 생각입니다. 과연 그럴까요?

첫째, 역사 과목은 다른 과목에 비해 외울 것이 더 많다.

사람들은 대개 '역사' 하면 외울 것이 많은 과목이라고 생각해요. 특히 다른 과목에 비해 암기할 게 유독 많을 거라고 지레짐작합니다. 그런데 잠깐, 다른 과목을 공부할 때 어땠는지 떠올려볼까요?

먼저 영어 공부를 시작했을 때를 생각해봅시다. 영어를 처음 배우면서 가장 먼저 외운 것이 무엇이었죠? 바로 알파벳이에요. 그리고 학교나 학원에서 빠지지 않고 하는 것이 단어 외우기죠. 단어를 외운 다음에는 문법을 익히고, 그 문법 구조와 원리 또한 반복해서 외워야 해요.

그렇다면 수학은 어떨까요? 수학을 공부하는 과정을 떠올려보세요. 먼저 선생님이 어떤 개념을 설명해주시고, 우리는 그 개념과 정의를 외웁니다. 그리고 선생님은 공식을 유도하는 과정을 보여주시죠. 그다음 우리가 해야 할 일은? 그 공식을 외우는 일이에요. 문제 풀이에 들어가면 외워둔 수많은 공식 중 어떤 것을 선택하고 어떻게 적용할지 고민하게 되지요. 그 공식을 얼마나 잘 기억하고 있는지가 문제 해결의 속도와 정확도에 큰 영향을 줘요.

정리해볼게요. 외우는 작업은 역사뿐 아니라 모든 과목에서 하고 있습니다. 입시에서 큰 비중을 차지하는 영어, 수학뿐 아니라 국어, 과학 역시 마찬가지죠. 기본 개념 암기는 모든 공부의 기본이거든요. 그러니 외울 것이 많다고 역사가 특별히 어렵다고 여길 필요는 없습니다.

둘째, 다 외우면 역사 성적이 잘 나올까?

당연히 아니겠죠. 다 외워서 성적이 잘 나왔다면 이 책을 펼쳐보지도 않았을 테니까요. 앞서 모든 과목에 암기의 요소가 있다는 것을 살펴보았습니다. 그런데 더 중요한 것은 암기가 공부의 끝이 아니라 시작이라는 사실입니다. 영어 단어만 완벽하게 외웠다고 영어 성적이 잘 나올까요? 수학 공식을 다 암기하고 있으면 수학 시험 만점 받을 수 있을까요?

시험의 성격에 따라 다르다고 생각해요. 암기력을 측정하는 시험이라면 좋은 결과를 받을 수 있겠죠. 예를 들어 단순 연산 문제로만 이루어진 수학 시험이라면 공식을 외우기만 하면 누구나 손쉽게 만점을 받을 수 있을 거예요. 영어 단어의 뜻을 물어보는 단어 쪽지 시험이라면 다 외우기만 하면 누구든 만점을 받을 수 있겠지요. 그런데 학교 시험이 그렇게 단순하지 않다는 데 함정이 있습니다. 나아가 수능과 한국사능력검정시험과 같은 자격증 시험은 더욱더 복잡하죠. 그렇다면 어떻게 해야 할까요?

모든 과목에는 각각의 성격에 따라 효율적이고 효과적인 공부 방법이 있습니다. 수학의 경우 공식을 스스로 유도할 줄 알면 굳이 공식을 외우고 있지 않아도 언제든 스스로 공식을 유도해서 문제를 풀 수 있습니다. 공식을 유도할 줄 알고 그 공식이 쓰이는 연습 문제를 반복 숙달하면 비로소 '수학신'의 경지에 올라서는 것이지요.

역사는 어떻게 해야 할까요? 역사는 과거 사람들이 살아온 '이야기'예요. 평소에 자장면을 좋아하던 사람이라고 해도 비 오는 어느 날에는 갑자기 짬뽕을 주문할 수 있는 것처럼 사람이란 늘 이랬다가 저랬다가 하는 존재입니다. 수학이나 과학처럼 딱 떨어지지 않는 특성이 있어요. 때문에 비슷한 상황에서도 역사는 다른 방향으로 흘러가기도 해요. 아마 이런 역사의 특징 때문에 모든 사건을 관통하는 단 하나의 원리나 공식을 도출하기가 어렵고, 그렇기에 다 외워야 한다고 생각하는 것 같아요.

이제 결론을 정리해볼까요? 모든 공부에는 암기의 요소가 분명히 들어 있습니다. 그러나 암기는 공부의 끝이 아니라 시작일 뿐입니다. 그럼 어떻게 해야 외우는 부담을 조금이라도 줄일 수 있을까요? 답은 명확해요. 외워야 할 것만 골라서 외우는 것이지요. 그러려면 먼저 외워야 할 것과 외우지 않아도 될 것을 구분할 줄 알아야 해요. 역사 공부에서는 이 구분이야말로 가장 중요한 핵심이라고 할 수 있습니다. 외울 것이 너무 많게 느껴진다면, 그건 아직 '선택'하지 않고 모든 것을 다 외우려 하기 때문일지도 몰라요. 이제 다시 교과서를 펼쳐 보세요. 어떤 것이 중요한지, 어떤 것은 단순한 참고 사항인지 스스로 구분해보는 거예요.

　예를 들어 장수왕의 남하 정책으로 백제는 수도 한성을 빼앗기고 웅진(공주)으로 수도를 옮겨갑니다. 이런 사건의 인과관계를 고려하지 않고 단순히 '장수왕=남하 정책', '백제=웅진 천도'를 수학 공식 외우듯 각각 외우는 것은 굉장히 비효율적이지요. 왜 그런 일이 일어났는지 앞뒤 맥락을 따져보면서 내용을 이해하고 기억해보세요. 또 일제강점기를 공부할 때 '조선의용대', '한국광복군' 같은 이름을 외우는 데만 집중한다면, 시간은 오래 걸리는데 기억이 오래가지 않을 수 있습니다. 그보다는 이들이 어떤 활동을 했는지, 무엇을 위해 싸웠는지에 주목해보는 것이 훨씬 유익합니다.

　역사는 단어 암기가 아니에요. 시간의 흐름 속에서 사건과 사건을 이어보고, 성격이 비슷한 사건들을 비교해보며 키워드로 정리해보세요. 나무만 보지 말고 숲을 함께 보는 연습, 그게 진짜 역사 공부예요.

　저는 역사 공부가 탐정이 사건을 해결할 때처럼 조각난 단서를 찾아내 맞추어 가는 과정이라고 생각합니다. 탐정들이 단서 몇 개만 가지고 추론을 거듭하여 범인을 찾아내듯 우리도 역사를 공부할 때 어떤 사실이나 주요 개념을 무조건 외우려 하지 말고 키워드를 통해 접근해보면 어떨까요? 그 사건이 언제, 어디서, 어떤 인물과 관련 있었는지를 유추해보는 거예요. 이러한 과정을 거친다면 역사 공부가 훨씬 더 흥미로워질 것입니다.

용기가 좀 생기셨나요? 역사 공부, 생각보다 어렵지 않죠? 그저 영어나 수학처럼 '외워야만 하는 공부'라고 단정 지었기 때문에 낯설고 어렵게 느껴졌을 뿐이에요. 하지만 방식을 조금 바꾸면 역사도 충분히 재미있고 의미 있는 과목이 될 수 있어요.

이제 처음의 질문에 대한 답을 해볼까요? "암기는 공부의 끝이 아니라 시작이에요. 외울 것과 외우지 않아도 될 것을 먼저 구분하고, 흐름과 키워드를 중심으로 이야기하면서 공부해보세요."

역사 속으로, 자신만의 길을 걸어가는 여정, 이 순간부터 시작입니다!

교육과정은 무엇이고, 역사 교과서는 어떻게 만들어지나요?

대한민국에서 초중고등학교를 졸업했다면 누구나 백 권이 넘는 교과서를 접했을 것입니다. 하지만 교과서가 어떻게 만들어지는지에 대해서는 대부분 잘 모릅니다. 간혹 '특정 교사 집단'이 편향되게 교과서를 만들었다고 오해하는 일이 벌어지는 배경이지요. 하지만 이는 현재 우리나라 교과서 발행 체제에서는 불가능한 일입니다. 그렇다면 교과서는 어떤 과정을 거쳐 만들어질까요? 그 시작은 바로 '교육과정'입니다.

교육과정은 '요리법', 교과서는 그 요리법을 바탕으로 완성한 '요리'에 비유할 수 있습니다. 같은 요리법으로 조리하면 대체로 비슷한 요리가 나오지만, 간을 조금 더 세게 하거나 마지막에 깨를 올려 먹음직스럽게 마무리하는 등 만드는 사람마다 조금씩 다를 수 있겠지요. 이처럼 같은 교육과정을 기반으로 만들어졌기 때문에 교과서 간의 큰 틀은 비슷해요. 하지만 교육과정의 범위 내에서 출판사마다 구성이나 표현 방식에 차이를 두기도 합니다. 예를 들어, 어떤 교과서는 탐구 활동을 좀 더 풍부하게 담는가 하면, 어떤 교과서는 사진 자료를 많이 활용해 시각적인 흥미를 높이기도 합니다. 기존의 딱딱한 교과서 형식에서 과감히 벗어나 잡지처럼 구성하는 책도 있고요.

교육과정은 우리나라만의 제도가 아닙니다. 나라마다 고유한 교육과정, 다시 말해 '교육을 위한 요리 비법'을 가지고 있지요. 다만, 이 교육과정에 어느 정도 자율권을 부여하느냐는 각 나라의 정책 방향이나 시대적 상황에 따라 달라집니다. 우리나라는 중앙집권형 교육과정을 운영하고 있습니다. 교육부에서 국가 수준의 교육과정을 직접 개발하고 이를 고시하면, 전국 모든 학교는 이를 반드시 따라야 합니다. 이처럼 교육과정은 강력한 법적 효력을 가진 문서입니다. 참고로 미국은 우리나라와 달리 주 단위로 교육과정을 자율적으로 편성하고 운영하는 체제를 갖추고 있습니다.

교육과정은 모든 교육 활동의 기준이 됩니다. 교과서 개발 역시 이 교육과정에 따라 이루어지지요. 여기서 교과서를 발행하는 방식도 함께 살펴볼 필요가 있습니다. 우리나라는 크게 세 가지 방식의 교과서 발행 체제를 운영하고 있습니다. 바로 국정 교과서, 검정 교과서, 인정 교과서입니다.

국정 교과서는 국가에서 단 하나의 교과서를 직접 제작해 전국에 동일하게 보급하는 방식입니다. 현재는 초등학교 1, 2학년의 국어와 수학, 그리고 3~6학년의 국어와 도덕 과목이 국정 교과서로 발행되고 있습니다. 이 과목들은 전국의 모든 초등학교에서 같은 교과서를 사용해 공부하게 되는 것이지요. 검정 교과서는 각 출판사에서 교과서를 개발한 뒤, 국가의 심사를 통해 사용 여부가 결정되는 방식입니다. 이때 가장 중요한 기준은 교육과정을 잘 지켰느냐입니다. 교육과정을 바탕으로 해야 심사를 통과할 수 있으므로 국정 교과서보다는 자율성이 있지만 큰 틀에서는 비슷한 모습을 보입니다. 인정 교과서는 국가가 직접 발행하지는 않지만, 사용을 허락할지 심사하는 방식입니다. 주로 보조교재나 심화 과목, 또는 새롭게 개설된 과목에서 인정 교과서를 활용합니다. 현재 중고등학교에서 사용하는 대부분의 교과서는 검정 교과서이며, 일부 과목에 한해 인정 교과서를 사용하고 있습니다.

그렇다면 교과서는 누가 쓸까요? 바로 저희 같은 현직 교사들과 대학의 관련 전공 교수들이 집필합니다. 예전에는 교수 비율이 높았지만, 최근에는 실제 수업 현장에서 활용하기에 적합한 교과서를 만들기 위해 현직 교사의 참여 비율이 점점 높아지고 있는 추세입니다. 그럼 교과서를 매년 새로 쓸까요? 그렇지는 않습니다. 교육과정이 새롭게 고시되면, 각 출판사에서 저자들을 모집합니다. 이렇게 모인 집필진은 수십 차례의 회의를 거치며 원고를 작성하고 검토합니다. 제가 직접 참여했던 경험으로는 교과서 한 권을 만드는 데 대략 1년에서 1년 반 정도의 시간이 걸렸습니다. 심사를 통과해 교과서가 발행된 뒤에도 끝이 아닙니다. 현장에서 사용되며 발견

된 오류나 수정 사항은 다시 논의해, 다음 해 인쇄본에 반영하기도 합니다. 이렇게 교과서는 단발성 작업이 아니라, 꾸준한 점검과 수정을 통해 완성도를 높여가는 작업이랍니다.

이 글을 쓰고 있는 2025년은 기존의 2015 교육과정과 새로 도입된 2022 교육과정이 함께 운영되고 있습니다. 2022 교육과정은 2024년부터 초등학교 1~2학년에 적용되었고, 올해 초등학교 3~4학년과 중고등학교 1학년에 적용되었습니다. 그리고 2026년부터는 초등학교 5~6학년과 중고등학교 2학년에 적용되고, 최종적으로 2027년에 초중고등학교 모든 학년이 적용받게 됩니다.

2022 교육과정에서 우리 아이들은 역사를 언제 어떻게 배우게 될까요? 초등학교 5학년 2학기에 처음 역사를 만나게 됩니다. 5학년 2학기 사회 과목은 통째로 한국사 내용이 들어 있습니다. 선사 시대부터 해방 이후 현대사까지 매우 많은 내용이 압축적으로 들어 있어서 많은 학생이 부담스러워합니다. 만약 이전에 역사 관련 이야기를 많이 듣거나 읽어서 알고 있다면 훨씬 도움이 될 텐데요. 이 단계에서는 용어나 인물, 사건명을 일일이 다 외우게 하려고 부담을 주어서는 안 됩니다. '역사는 사람들이 살아온 재미있는 이야기'라는 긍정적인 이미지를 갖게 해주는 것이 중요한 시기이니까요. 6학년 1학기에도 현대사가 일부 포함되어 있는데, 이때 민주주의와 관련하여 4·19 혁명, 5·18 민주화 운동, 6월 민주 항쟁을

중심으로 배우게 됩니다.

  중학교 역사는 세계사를 다루는 역사1과 한국사를 다루는 역사2로 나누어집니다. 학교마다 과목 편성을 어떻게 하느냐에 따라 조금씩 차이는 나지만, 대체로 중학교 2학년 때 역사1을, 중학교 3학년 때 역사2를 편성한답니다. 세계사를 먼저 배우고 한국사를 배우는 것이지요. 이것은 우리의 역사가 세계사의 큰 흐름 속에서 상호작용하면서 움직였다는 것을 보여주기 위한 구성이라고 생각하면 되겠습니다. 이 시기 학생들은 세계사를 처음 접하기 때문에 무척 생소하게 생각합니다. 만약 이전에 유럽의 역사나 중국의 역사를 다룬 책이나 게임을 접했다면 조금 더 친숙하게 공부해나갈 수 있을 것입니다. 역사2는 고등학교 한국사와의 연계성을 고려하여 전근대사 위주로 단원이 편성되어 있습니다. 즉, 선사 시대부터 조선 후기까지를 집중적으로 다루고 근현대사를 한 단원에 간략하게 소개하는 정도로 서술한 것이지요. 이 시기에 배우는 역사2(한국사)는 고등학교 한국사의 뼈대가 되기 때문에 매우 중요합니다. 이때 역사2(한국사)를 확실하게 공부하면 고등학교에 올라와서 접하게 되는 한국사1의 앞 1~2단원이 무척 친숙하게 느껴질 것입니다. 따라서 다른 시기와 달리 중학교 3학년 때 주로 배우게 되는 역사2만큼은 소홀히 하지 말아야겠습니다.

학교급	과목	내용
초등학교	사회5	한국사
중학교	역사1	세계사
	역사2	한국사(전근대사 중심)
고등학교	한국사1	선사시대~개화기
	한국사2	일제강점기~현대

    고등학교의 경우 기존 교육과정에서 한 권으로 1년을 배우던 한국사가 한국사1과 한국사2로 나뉩니다. 한국사1과 한국사2는 각각 3개 단원으로 구성되어 있습니다. 한국사1의 1~2단원은 선사 시대부터 흥선대원군까지를 다루고, 3단원은 개화기를 다룹니다. 한국사2의 1단원은 일제강점기를 다루고, 2~3단원은 현대사를 다룹니다. 기존의 2015 교육과정에 비해 전근대사와 현대사의 비중이 조금씩 늘어난 것이 특징이에요. 특히 한국사1의 1~2단원은 중학교 역사2와 상당 부분 겹칩니다. 따라서 중학교 3학년 때 역사2 공부가 어느 정도 되었다면 학습 부담을 많이 줄일 수 있겠지요? 그 이후의 근현대사는 대체로 모든 학생이 선행학습하지 않고 이 시기에 처음 접하기 때문에 상위권 학생과 하위권 학생의 학습 격차가 크지 않습니다. 즉, 중하위권 학생들도 마음만 먹으면 충분히 우수한 성취를 이룰 수 있는 부분이라는 뜻입니다.

    고등학교에는 세계사와 동아시아사라는 과목도 있어요.

이 두 과목은 지금까지 소개한 역사 과목과는 달리 선택 과목이랍니다. 즉 학생이 선택하지 않으면 배우지 않아도 되는 과목이라는 것이지요. 학교에서 일부러 특정 학년에 필수 과목으로 편성하지 않는 한(이런 경우는 많지 않습니다) 대부분의 학교에서는 2~3학년 때 세계사와 동아시아사를 선택 과목으로 편성한답니다.

요리법이 조금씩 달라도 건강하고 맛있는 요리를 만들겠다는 목표는 변함이 없습니다. 교육과정도 시대의 변화에 따라 조금씩 달라지지만 사회에 잘 적응하고 공동체에 긍정적인 역할을 하는 교양인으로서의 인재를 키우겠다는 방침은 변함이 없습니다.

모를 때 두려움과 거부감이 더 커지는 법입니다. 교육과정은 국가교육과정정보센터(https://ncic.re.kr/)에 항상 공개되어 있어서 대한민국 국민 누구라도 손쉽게 찾아볼 수 있습니다. 잠깐 시간을 내서 교육과정을 읽어보면 어떨까요? 아는 만큼 보이는 법이니까요. 잘 모르고 불안할 때는 검증되지 않은 소문에 휩쓸리기 쉽습니다. 부모님이 직접 읽어보고 큰 그림을 파악하면 우리 아이에게 가장 잘 맞는 장기 로드맵을 그릴 수 있을 것입니다. 여러분 곁에는 늘 아이의 성장을 응원하고 도와주는 저희 같은 교사들이 있다는 사실을 잊지 마세요!

▶ 국가교육과정정보센터
(https://ncic.re.kr)

역사 수행평가에서 의외로 중요한 것은 무엇일까요?

퀴즈 하나 내보겠습니다! 지필평가와 수행평가 중에서 교사가 출제하고 채점하기에 더 '편한' 것은 무엇일까요? 한번 맞춰보세요!

물론 교사마다 생각은 다를 수 있지만, 제 10년간의 교직 경험을 바탕으로 말씀드리자면, 대부분의 선생님은 수행평가보다는 지필평가를 더 수월하게 느끼는 편입니다. 왜일까요?

지필평가는 대부분 객관식(오지선다형) 문항으로 구성되기 때문에 정답에 대한 논란의 여지가 적고, OMR 채점을 통해 시간과 노력을 절약할 수 있기 때문입니다. 출제도 비교적 단순하고, 채점 기준도 명확하죠. 반면 수행평가는 출제할 때부터 훨씬 많은 고민이 요구됩니다. 요즘 수행평가는 단순히 결과물을 제출하는 수준이 아니라 문제 해결 과정을 함께 평가하는 경우가 대부분입니다. 그래서 3차시 이상의 '프로젝트형' 평가로 진행되는 경우가 많고, 단순한 암기가 아니라 학생의 사고력과 협업 능력 등을 고루 살펴봐야 하죠. 더구나 한 반에 30명가량 되는 학생들의 결과물을 하나하나 읽고, 평가 기준에 맞게 공정하게 판단해야 합니다. 한 교사가 적게는 5개, 많게는 8개 학급을 맡는다고 보면, 어떤 경우에는 240개의 과제를 검토하고 평가해야 하는 상황도 생깁니다. 교사 입장에서는 결코 가볍지 않은 일이지요.

그렇다면 여기서 또 하나의 퀴즈! 수행평가를 채점할 때, 교사를 가장 힘들게 하는 것은 무엇일까요? 여러분이라면 중·고등학생의 수행평가 결과물을 채점할 때 어떤 점이 가장 어렵다고 느끼실 것 같나요?

아마 많은 장면이 떠오르실 거예요. 채점 기준과는 다른 방향으로 자유롭게(!) 전개된 답변들, 기준에 아슬아슬하게 미치지 못해 애매한 답안들, 문제에서 요구하지 않은 내용을 써놓고 정답으로 인정해달라는 민원들, 문제와 전혀 관련 없는 이야기로 빼곡히 채워 넣은 장문의 글, 문법이 엉켜 주어와 서술어가 따로 노는 문장들, 아무것도 쓰지 않고 제출된 답안지, 조건과 형식을 무시하고 자기 스타일대로(!) 정성껏 써 내려간 글들까지…. 지필평가와 달리 수행평가는 교사의 예상을 뛰어넘는 다양한 상황이 펼쳐집니다.

하지만 그중에서도 교사를 가장 괴롭게 만드는 건 따로 있습니다. 바로 도무지 알아볼 수 없는 아이들의 글씨체입니다.

네? 중학교에서만 근무하는 게 아니냐고요? 맞습니다. 저는 중·고등학교에서만 근무하는 중등교사입니다. 교대가 아닌 사범대를 졸업했고요. 지금부터 들려드릴 이야기는 모두 '중·고등학교'에서 실제로 벌어지는 일들입니다.

현재 고등학교 3학년은 2007년생입니다. 중학교 1학년은 2012년생이고요(2025년 기준). 우리나라에 3세대 아이폰이 등장한 것이 2009년이니, 지금의 중·고등학생들은 모두 네이티브 디지털 세대라고 할 수 있겠지요. 해당 아이들은 모두 손글씨보다는 스마트폰 채팅이 편한 세대라고 볼 수 있습니다. 심지어 과제를 해결할 때 PC보다도 스마트폰을 더욱 편리하게 이용하는 모습을 관찰할 수 있습니다.

아날로그에서 디지털로 넘어온 지 꽤 오랜 시간이 지났습니다. 많은 것들이 변했습니다. 교육도 마찬가지입니다. 예전처럼 모든 과제를 손글씨로만 제출하지 않습니다. 다양한 스마트기기와 에듀테크 플랫폼을 이용하여 제출하지요. 하지만, 여전히 아이들이 직접 손을 움직여 종이에 한 글자 한 글자 적어서 제출하는 아날로그 방식의 과제 제출 또한 유효합니다. 오히려 대입 논술시험 또는 전문직 자격시험과 같은 인생에서 가장 중요한 시험들은 모두 디지털이 아닌 아날로그 방식의 제출을 요구합니다.

그런데 현재 아이들의 글씨는 어떨까요? 백문이 불여일견. 제가 열심히 떠드는 것보다 독자분들께서 실제로 확인하

1. 전쟁에서 가장 큰 피해자는 누구라고 생각하나요?
ex) 군인, 아이, 부모, 학생, 의사, 남성, 여성, 독재자, 대통령 등등

모둠원	피해자	이유
	의사	환자의 시간 되고 병원은 세웠는데 병원이 폭격당해서 억울함
	아이	아이가 태어나는 애들의 폭탄소리가 억울해서
	아이	아이는 힘도 약하고 장갑 더 취약 하니
	부모	자기들 도와형한데 아이들 보호하면서
	군인	본인이 싸워서 많은 희생자가 나와서

1. 전쟁에서 가장 큰 피해자는 누구라고 생각하나요?
ex) 군인, 아이, 부모, 학생, 의사, 남성, 여성, 독재자, 대통령 등등

모둠원	피해자	이유
	군인	나라 위해 함께에서 억울 수 많이 사람들 죽이고 구분 억울 듭니다.
	아이	아직 태어나도 못하고 커질 거도 재밌다. 그 김군이 도와주가 생긴 많이 애껄 불편한 갑니다.
	아동	아들은 걸 몰라보면 억울고, 특히 어른 아이들 짝가네 위험해서
	군인	생기 이어 내어 분 먼걸 경고 최전방의 가까워서 방격이 영향을 들어서 사람 죽게 하곤게 조장감을 상가해
	아이들	아동을 인간들을 증애남 가장 혁혁하게 대논에

제2부 역사 공부는 어떻게 하나요? 101

는 편이 훨씬 빠를 것이라고 생각합니다. 함께 볼까요?

위의 글씨를 알아볼 수 있으신가요? 알아보셨다면 정말 존경스럽습니다. 저는 잘 알아보지 못했거든요. 위의 글을 쓴 아이를 따로 불러서 뭐라고 쓴 건지 물어본 뒤 글을 이해했습니다. 아! 따로 불러서 물을 수 있었다는 것은 최소 이름은 알아볼 수 있게 쓴 아이라는 뜻입니다. 참 다행이지요. 이름도 알아볼 수 없어서 글의 내용을 물어물어 해당 학생을 찾은 적도 많거든요(놀라시겠지만 실화입니다).

또 하나 말씀드릴 웃픈(?) 에피소드는 종종 글을 쓴 아이도 자신의 글씨를 읽지 못하는 일이 발생한다는 것입니다(정말 실화입니다). 글을 쓴 아이조차 자신의 글을 모두 읽어본 다음에야 "제가 쓴 거 맞는 것 같아요"라고 고백하는 일이 은근히 자주 발생합니다. 이럴 때 아이들에게 자주 들려주는 이야기가 있어요. 인류의 역사는 문자를 사용하면서 선사 시대를 벗어나게 됩니다. 이름하여 문명의 시대가 시작되는 것이지요. 그런데 타인도, 자신도 알아보지 못하는 문자가 무슨 의미를 가질까요?

다음 글을 한번 보시죠.

A 답안

기후의 급격한 변화로 인해 발생하는 재난 상황에는 인간이 살 수 있는 땅의 감소가 있다. 기후 위기로 인해 과도한 기온 상승이 발생하게 되면서 온난습윤한 땅은 사막화 되어가고, 해수면의 상승 또한 땅 감소의 원인이 되었다. 이러한 변화로 인해 달라질 삶의 모습에는 바다 속 도시 건설이 있다. 만약 해수면 상승으로 바다가 늘어나게 되면 인간들은 바다 속에서 살 수 있는 방법을 찾을 것이다. 그리하여 인간들은 바다 속에 건물과 도로가 있는 통로를 건설할 것이며 인간이 갖게 될 직업에는 이러한 건물과 도로에 산소 공급을 하는 직업 등이 생겨날 것이다.

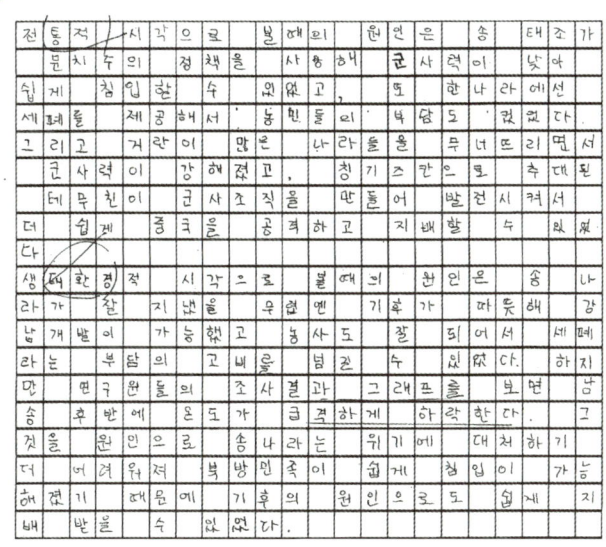

전통적 시각으로 볼 때의 원인은 송태조가 문치주의 정책을 사용해 군사력이 낮아 쉽게 침입할 수 있었고, 또한 나라에선 세폐를 제공해서 농민들의 부담도 컸었다. 그리고 거란이 많은 나라들을 무너뜨리면서 군사력이 강해졌고, 칭기즈칸으로 추대된 테무친이 군사조직을 만들어 발전시켜서 더 쉽게 송크을 공격하고 지배할 수 있었다.
생태환경적 시각으로 볼 때의 원인은 송나라가 잘 지냈을 무렵엔 기후가 따듯해 강남개발이 가능했고 농사도 잘 되어서 세폐라는 부담의 고배를 벗을 수 있었다. 하지만 연구원들의 조사결과 그래프를 보면 그 송 후반에 온도가 급격하게 하락한다. 이것을 원인으로 송나라는 위기에 대처하기 더 어려워져 북방민족의 침입이 가능해졌기 때문에 기후의 원인으로도 쉽게 지배받을 수 있었다.

B 답안

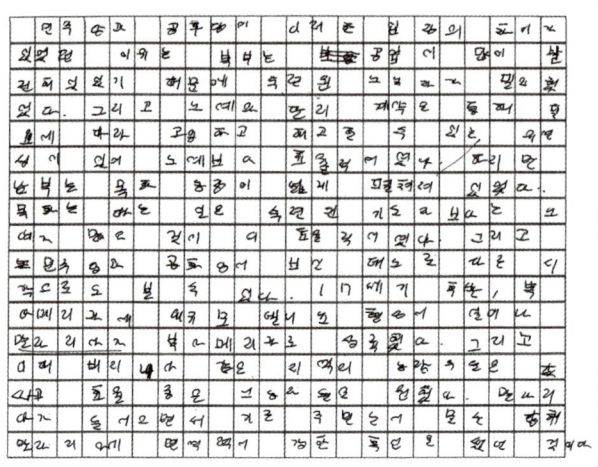

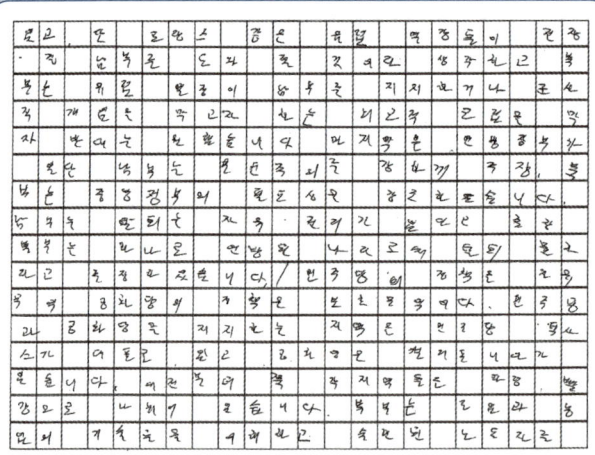

A와 B 중, 어떤 글에 더 신뢰가 가시나요? 내용을 읽지 않아도 대부분은 A 글이 더 신뢰감을 준다고 느끼실 거예요. 별것 아니라고 여겼던 글씨체가 글의 신뢰도를 높이기도, 떨어뜨리기도 합니다. 내용을 읽기도 전에 말이죠. 그래서 저는 부모님들께 꼭 말씀드리고 싶습니다. 아이의 글씨에 관심을 가져주세요. 남녀를 불문하고 말이죠.

사실 제가 어릴 적만 해도, 여학생들은 대부분 글씨를 곱게 쓰는 편이었습니다. 하지만 지금은 성 역할에 대한 고정관념이 많이 사라진 시대잖아요? 글씨도 마찬가지입니다. 성별에 따라 달라지지 않더라고요. 모두가… 동등하게 못 씁니다.

그렇다면 아이들은 왜 글씨를 바르게 쓰지 못하는 걸까요? 원인은 다양할 겁니다. 선천적인 어려움을 겪는 아이들도 분명 있을 테고요. 저는 글씨 전문가가 아닙니다. 그래서 근본적인 해결책이나 신박한 비법을 알려드릴 수는 없을 것 같습니다. 하지만 10년간 학교 현장에서 많은 아이들을 지켜본 경험을 살려 교사로서 이런 제안을 한 번 드려볼까 합니다.

제안 1. 획순을 이해하고 지키도록 돕자

한글에는 정해진 획순이 있습니다. 자음과 모음 모두 쓰는 방향과 순서가 정해져 있어요. 이러한 순서가 잘 지켜질 때 글씨가 바르게 써집니다. 글씨를 바르게 쓰지 못하는 아이들은 보통 한글의 획순을 무시하고 쓰는 경우가 많았습니다.

제 아이가 올해 일곱 살입니다. 아내를 닮아 주로 왼손을 사용하더라고요. 어느 날, 글씨 쓰는 것을 옆에서 가만히 지켜보니, 글씨를 반대로 쓰고 있었습니다. 마치 거울에 비친 것처럼요. 그리고 모든 자음과 모음을 아래에서 위로 쓰고 있었습니다. 이를 지켜보던 아내는 자신도 어릴 때 글씨를 자꾸 반대로 써서 혼났었다고 합니다. 왼손잡이의 경우에는 획순에 대해서 더욱 신경을 써서 바로잡아줘야 글씨체가 바르게 자리잡을 수 있습니다. 오른손잡이도 마찬가지입니다. 자음과 모음을 쓰는 순서와 방향을 정확히 이해하는 것이 바른 글씨체 정립의 시작입니다.

제안 2. 나이와 상관없이 한글 노트를 매일 사용하게 하자

서울의 한 초등학교 선생님은 6학년 담임을 10년 정도 맡으셨다고 합니다. 6학년이면 꽤 큰아이들일 텐데 해당 선생님은 그 아이들과 바른 글씨 쓰기 학급 특색 활동을 이어가고 있습니다. 보통 한글을 배우는 6~8세 때 발생한 결손을 13세가 되어서야 메우고 있는 셈인데요. 얼핏 들으면 굉장히 유치해 보일 수 있지만 이는 상당히 효과적인 방법입니다. 해당 선생님의 프로그램은 '바른 글씨 쓰기 키트'를 제작할 정도로 초등학교에서의 수요가 상당했습니다.

바른 글씨를 연습할 때, 초등 저학년용 국어 공책을 사용하는 걸 부끄러워할 필요는 없습니다. 정석대로 기본부터 다시 연습하는 것이 가장 효과적인 방법이니까요. 무엇보다 글씨체를 바르게 잡아보려는 그 노력 자체가 박수받을 일입니다. 저 역시 올해부터 우리 반 아이들과 함께 '바른 글씨 쓰기' 활동을 시작해보려고 해요. 조금은 느리더라도 함께 차근차근 연습해보려 합니다.

제안 3. 소근육을 강화하자!

글씨를 바르게 쓰기 위해서는 생각보다 꽤 많은 '필압'—연필을 누르는 힘—이 필요합니다. 그런데 어떤 아이들은 글씨를 또박또박 바르게 쓰려고 노력해도 잘되지 않는 경우가 있습니다. 신체에 특별한 문제가 없는데도 말이에요. 이런 아이들은 대근육에 비해 소근육이 충분히 발달하지 못했을 가능성이 있습니다. 이런 경우에는 손이나 손가락을 사용하는 활동을 주로 해야 합니다. 미세한 작업일수록 큰 도움이 되겠지요. 예를 들어 마음에 드는 책을 천천히 따라 써보는 필사라든지 레고나 블록을 이용한 조립 활동, 혹은 전통 공예처럼 손을 집중적으로 쓰는 미세 운동 활동도 좋습니다. 글씨는 단순히 '쓰는 일'이 아니라, 손의 힘을 글자에 '전달하는 일'이기도 합니다. 연필 끝에 내가 원하는 만큼의 힘이 잘 실려야 바르고 안정된 글씨체가 나올 수 있지요.

제안 4. 사교육에 의존하지 말자

사실 조바심을 낼 일은 아니라는 생각도 듭니다. 본인이 글씨체에 대한 문제점을 인식하면 자연스레 고치려고 노력하게 되거든요. 현재 초등학생을 대상으로 한 바른 글씨 학원이 많이 운영되고 있습니다. 학원비도 상당히 비싼 것으로 알려졌는데요. "우리 아이만 그러면 어쩌나?" 하는 초조한 마음 때문에 서두르실 필요는 없습니다. 조금 긴 호흡으로 천천히 교정해간다고 생각하면 됩니다. 가장 중요한 것은 본인의 의지입니다.

저 역시 중학교 때까지는 저 말고는 아무도 제 글씨를 알아보지 못할 정도로 악필이었습니다. 그러다 고등학교에 진학한 뒤, 운동도 잘하고 공부도 잘하는 정말 유능한 친구와 짝이 되었어요. 우연히 그 친구의 노트를 들여다봤는데, 글씨가 어찌나 단정하고 멋지던지요. 그 순간 저는 그 글씨체를 닮고 싶다는 생각이 들었습니다. 그때부터 의식적으로 따라 써보며 연습했더니 고2 무렵엔 선생님들께 글씨 잘 쓴다는 칭찬을 받는 학생이 되어 있더군요.

물론 빨리 고쳐지면 좋겠지만, 그렇지 않다고 해서 조급해하지는 않으셨으면 합니다. 때로는 변화의 계기가 될 어떤 '사건'이 필요할지도 모릅니다. 예를 들면, 사랑하는 사람에게 정성껏 쓴 연애편지를 건넸는데, 그 사람이 글씨를 도무지 알아보지 못하는 그런 작은 충격 같은 것 말이에요.

이제는 맞벌이가 당연한 시대가 되었습니다. 예전에는 가정에서 진행되었어야 할 교육들이 공교육으로 조금씩 넘어오고 있죠. 글씨도 그런 영역 중 하나인 것 같습니다. 이를 공교육에서 눈치채고 있고 일부 담임선생님들께서 훌륭한 교육 콘텐츠를 제공하고 있습니다. 앞으로는 더 적극적인 교육 활동들이 공유될 것입니다. 하지만 가장 중요한 것은 역시 본인의 의지일 것입니다. 모두 멋진 자신만의 필체를 갖는 날이 오기를 바라봅니다.

역사 노트는 어떻게 정리해야 하나요?

"공부할 것들이 이랬는데, 요래 됐습당!"

예를 들어볼까요? 오른쪽 페이지에 있는 교과 내용을 한눈에 잘 들어오도록 깔끔하게 정리한 것이 그 다음 페이지에 나온 노트입니다. 왠지 공부를 잘하고 있는 것 같은 '느낌적인 느낌'도 주죠? 이처럼 정리가 잘된 나만의 학습 노트를 보면, 열심히 공부하고 있다는 뿌듯함이 들고, 그다음으로는 이제 이걸 잘 기억해서 내 것으로 만들어야겠다는 학습 의욕도 스멀스멀 올라옵니다. 그런데, 이렇게 노트 정리를 하는 일이 한 번에 뚝딱 이루어질 수 있을까요? 노트 정리를 해본 독자분들은 모두 공감하시겠지만, 많은 시간과 노력, 고민을 투자해야만 하는 힘든 작업이기도 해요. 그래서 하고 싶지만 잘 안 하게 되고, 또 해야 한다고 느껴지더라도 어떻게 해야 효과적인지 몰라 고민하다가 시간만 흘려보내다가 결국 포기하게 되지요. 그래서, 그 애증의 노트 정리 방법 이야기를 해보고자 합니다.

② 통치 체제를 다시 정비하다

조선 시대에는 관복에 흉배라는 장식물을 부착하여 착용자의 신분을 나타냈다. 흥선 대원군의 관복에는 기린 한 마리가 구름 속을 헤치며 달리는 모습이 금실과 은실로 수놓아져 있다. 이러한 기린흉배는 흥선 대원군이 왕자나 대군의 예우를 받았음을 알려 준다. 고종이 어린 나이에 즉위하자 부친인 흥선 대원군이 신정 왕후(조대비)의 지원을 받아 정치에 참여하였다.

| 주제에 던지는 질문 | 흥선 대원군 시기의 대내외 정책은 어떠했을까?

● 흥선 대원군(왼쪽)과 기린흉배(오른쪽)

통치 체제의 재정비 1863년 철종의 뒤를 이어 고종이 어린 나이로 왕위에 올랐다. 당시 대내적으로는 세도 정치와 삼정의 문란으로 전국에서 농민 봉기가 계속되었고, 대외적으로는 서양 세력의 통상 요구가 거세지고 있었다. 국왕의 부친인 흥선 대원군은 정치적 영향력을 행사하며 국가의 기강을 바로잡고 민심을 수습하고자 개혁 정치를 실시하였다.

흥선 대원군은 왕권을 강화하기 위해 안동 김씨를 비롯한 세도 가문의 중심 인물들을 몰아내고 당파와 관계없이 인재를 고루 등용하였다. 세도 정권의 핵심 권력 기구로 왕권을 제약하였던 비변사를 축소하여 사실상 폐지하였다. 의정부와 삼군부의 기능을 부활하여 행정권과 군사권을 나누어 맡도록 함으로써 권력 독점을 견제하였다. 「대전회통」, 「육전조례」 등 법전도 편찬하여 통치 체제를 재정비하였다. 또한 해안에 수시로 나타나는 이양선에 대비하고자 수군을 강화하고, 신무기 제조에 힘을 기울였다.

세도 정치기 정치 운영의 모습을 확인할 수 있다.

경복궁 중건과 서원 철폐 흥선 대원군은 왕실의 권위를 높이기 위해 임진왜란 때 불탄 경복궁을 중건하였다. 그러나 공사에 필요한 돈을 마련하기 위해 원납전이라는 기부금을 강제로 거두었고, 도성문을 통과하는 물건에 통행세를 부과하였다. 고액 화폐인 당백전❷을 발행하면서 물가가 크게 오르기도 하였다. 또한 궁궐 토목 공사에 백성을 동원하였고, 부족한 목재를 채우기 위해 양반의 묘지림까지 베었다. 무리한 경복궁의 중건❸은 양반과 백성의 불만을 샀다.

흥선 대원군은 전국의 서원을 47개소만 남기고 철폐하였다. 당시 서원은 지방 양반들의 세력 기반이 되어 각종 면세와 면역의 특권을 누렸으며, 지역 농민을 가혹하게 수탈하여 원성을 사기도 하였다. 서원 철폐로 국가 재정이 늘고 민생이 안정되자 백성은 이를 크게 환영하였다. 그러나 지방 유생들과 양반들은 강력히 반발하였고, 이는 훗날 흥선 대원군이 물러나는 배경이 되기도 하였다.

❷ 당백전 법정 가치는 상평통보 1문의 100배였으나 실제 가치는 상평통보 1문전의 5~6배에 불과하였다. 당백전의 발행은 유통 질서에 심각한 혼란을 가져왔다.

❸ 중건된 경복궁 근정전의 모습(1890)

흥선대원군 - 통치 체제 재정비

```
   ←——————————————————————————————
        1863      1866
   세도정치   고종의   병인박해  제너럴셔먼호 사건  병인양요
            즉위
```

1. 고종 즉위 당시 대내·외적 상황

   ① 대내적 : 세도정치와 삼정의 문란 → 농민봉기의 지속

   ② 대외적 : 서양 세력의 통상 요구 ↑

2. 흥선대원군의 개혁 정치 실시
   ↳ 국가 기강↑, 민생수습

   ① 세도 가문 중심 인물 몰아내고 당파에 상관없이 인재 등용

   ② 비변사 축소 (사방상 X)

   ③ 의정부·삼군부 부활하여 행정권과 군사권 분담 (권력 독점 X)

   ④ 『대전통편』, 『육전조례』

   ⑤ 수군 강화, 신무기 제조

3. 경복궁 중건과 서원 철폐

   ① 경복궁 중건

   - 원납전 (기부금) 강제 징수 / 당백전 (고액화폐) 발행
     ↳ 물가↑

   - 토목공사에 백성 동원 / 양반의 묘지림 벌목

   ⇒ 무리한 중건으로 인해 양반과 백성의 불만 받음

   자료③ 경복궁 중건
   경복궁 중건 비용과 백성의 노역에 대한 칭찬을 의논하였는데, …… 선비와 서민층은 한성과 지방을 막론하고 스스로 납부하는 자는 상을 주기로 하고 이를 8도에 전달하였다. …… 한성의 원납전이 20만 냥이 되었다. -『승정원일기』, 1865. 4.

   ② 서원을 47개소만 남기고 철폐
   ↳ 면세·면역의 특권 소유 / 지역 농민 수탈
   - 국가 재정↑, 민생 안정 → 백성의 지지
   - 지방 유생, 양반 강력 반발 → 흥선대원군 물러나는 계기

노트 정리 방법에 정답은 없다

> ※ 예상 질문
> Q. 선생님. 노트 정리는 꼭 해야만 하는 건가요?
> A. 결론부터 말씀드리자면, '공부하는 학생의 마음 가는 대로, 상황에 따라'입니다. 너무 무책임한 말 같다고요? 공부 방법에는 정답이 없어요. 최선의 해결책이 있을 뿐이죠. 사람마다 성격과 적성이 다르기 때문입니다. 영어 과목의 연구 사례에 따르면 학생의 성격 유형에 따라 사용한 학습 전략이 달랐다고 해요.* 따라서 노트 정리를 하기 전에, 학생 스스로 '노트 정리를 할 만큼 시간이 넉넉한가?', '나는 남이 정리한 것보다 내가 정리한 노트가 더 눈에 잘 들어오는 사람인가?' 고민해 보고 시작하면 좋겠습니다.
>
> ---
>
> * 김진아, MBTI 성격 유형에 따른 영어듣기 학습 전략 : 고등학교 학생을 중심으로, 중앙대학교 교육대학원(2017)

역사 노트를 정리하는 목적은 무엇일까요? 바로 '단권화'입니다. 여러 자료에 흩어진 내용을 하나의 노트로 정리함으로써 공부의 편의성과 효율성을 높이는 것이죠. 그런데 간혹 교과서를 그대로 옮겨 적고는 "노트 정리 다 했어요"라고 말하는 학생도 있습니다. 안타깝게도 그것은 '요약 정리'가 아니라 단순한 '필사', 즉 노트를 복사한 것에 가깝습니다.

노트 정리의 핵심은 자신이 이해한 내용을 자신만의 언어와 방식으로 정리하는 것입니다. 물론 사람마다 생각의 방식이 다르므로 이해하기 쉽다고 느끼는 구조도 저마다 다를 수 있습니다. 예를 들어 MBTI 유형에 빗대어 말하자면, J 유형인 친구들은 흐름도나 표 등 정돈된 형식으로 정보를 정리하는 걸 선호하는 반면, P 유형인 친구들은 자유롭게 의식의 흐름을 따라 적어나가는 걸 편하게 느낄 수 있죠. 이처럼 노트 정리 방법은 정말 다양합니다. 그중에서도 많은 학생이 실제로 활용하는 대표적인 방식 네 가지를 소개해볼게요.

> **노트를 정리하는 네 가지 방식**
> 1) 노트에 '개조식'으로 정리하여 단권화하는 방식
> 2) 교과서 등 주 교재 자체에 단권화하는 방식
> 3) '비주얼 씽킹'으로 정리하는 방식
> 4) '연표'로 정리하는 방식

이처럼 다양한 노트 정리 방식이 있다는 것을 알았으니, 나에게 맞는 방식을 찾아 노트 정리를 해볼까요? 위에서 소개한 방식 중 가장 일반적인 '개조식' 노트 정리 방식을 중심으로 설명해볼게요. 자, 이제 목적을 달성하기 위한 첫걸음을 내디뎌보아요.

노트 정리 STEP 1. 이해가 먼저다!

노트 정리를 시작하기에 앞서 반드시 선행되어야 할 것은 바로 '학습 내용에 대한 이해'입니다. 내용을 제대로 이해하지 못한 채 정리를 시도하면, 노트가 단순 필사나 나열에 그칠 수밖에 없어요. 특히 개조식 노트 정리를 하려면 '구조화'와 '맥락화' 작업이 꼭 필요합니다. 구조화란, 역사적 내용들을 서로 연결 지어 하나의 체계로 조직하는 것이고, 맥락화는 역사적 사실들을 인과관계나 시대 흐름 속에서 연관 짓는 작업입니다. 이 두 가지는 역사 이해에 있어 매우 중요한 과정이기도 하지요.

이런 구조화와 맥락화 작업을 원활하게 하기 위해서는 주 교재인 교과서의 구조를 정확하게 파악해야 합니다. 교과서의 구조가 가장 잘 드러나는 것이 바로 '목차'입니다. 따라서 노트 정리의 첫 단계로 '교과서 목차 확인 → 해당 내용 본문 읽기'를 권하고 싶습니다.

> 1. 교과서 목차는 제목의 역할을 하므로 먼저 확인한다.
> 2. 해당 내용의 본문을 읽을 때는 최소 2~3번 읽는다.
> 3. 외우려고 애쓰지 말고 단락별로 주제, 키워드, 흐름(인과관계)을 파악하는 데 중점을 둔다.

4. 옅은 색의 형광펜이나 색연필 등을 이용해서 키워드(혹은 핵심 문장)에 체크하며 읽는다.
5. 단락의 옆 여백에는 검정색 펜으로 흐름을 간단히 적는다 (배경, 특징, 전개 과정, 영향 등).

노트 정리 STEP 2. 나만의 규칙 정하기

다음으로 이루어져야 하는 것은 바로 나만의 노트 정리 규칙을 정하는 것입니다.

1. 한 페이지의 노트에 배치하는 방법
   - 한 페이지의 위에 단원명(주제)를 크게 쓰기
   - 그 아래 연표, 학습 내용과 자료들을 순서대로 배치하기
2. 중요도는 여러 색깔 펜을 활용하여 표시하기
   - 색깔펜은 3가지 정도, 형광펜(혹은 색연필)은 2가지 정도 사용하기
   - 단원명(주제)은 컴퓨터용 사인펜처럼 굵은 펜
   - 소제목과 일반적인 내용은 검정색, 중요한 키워드는 빨간색, 중요한 키워드를 이해하는 데 도움이 되는 설명은 파란색

> - 시험에 출제될 것이 확실시되거나 노트를 보며 공부할 때 머릿속에 잘 들어오지 않는 것은 형광펜(혹은 색연필)으로 체크

노트 정리 STEP 3. 구조화, 맥락화해서 내용 정리하기

그럼 이제 내용을 정리할까요? STEP 1~2 단계를 잘하셨다면, 이 단계는 쉽게 할 수 있어요.

> 1. 대단원은 큰 제목, 중단원은 소제목이라고 생각하고 제목을 일단 적고 시작
> 2. 제목의 아래에 간단한 연표 그리기
> 3. STEP 1에서 교과서를 읽으면서 체크한 것들을 바탕으로 간략하게 해당 개념과 그에 대한 설명을 정리해 내려가기

노트 정리 STEP 4. 자료 덧붙이기

어느 정도 개조식으로 정리가 되었다면, 역사 과목의 특성에 맞게 다양한 자료를 덧붙일 차례입니다. 역사에서 가장 많이 등장하는 자료는 옛글(사료), 지도, 사진이랍니다.

> 1. 정리한 주제에 맞는 자료를 해당 내용의 옆에 잘라 붙이기
> 2. 옛글(사료)의 경우, 간략히 해설을 적거나 핵심 내용에 밑줄 긋기
> 3. 사진이나 지도 등은 해당 내용과 화살표로 연결하기

이 네 단계의 과정을 거치면 비록 완벽한 모양새는 아닐지라도, 내가 이해한 흐름에 맞춰 정리된, 역사 학습에 든든함을 주는 나만의 자료가 생깁니다. 그런데요, 노트 정리의 진짜 완성이 무엇인지 아세요? 바로 '정리한 노트를 반복해서 보며 완전히 내 것으로 만드는 것'입니다. 간혹 노트 정리를 다 하고 나서 그 성취감에 도취된 나머지 더는 들여다보지 않는 경우가 있어요. 그러면, 정말 안타까운 일이지만, 시간은 시간대로 쓰고 손만 저리게 아픈 불상사가 발생할 수도 있습니다.

노트 정리의 마지막 단계는 '복습'입니다. 단순히 눈으로만 휙휙 넘기지 말고, 스스로를 위해 정리한 노트를 여러 번 보며, STEP 2에서 정한 규칙대로 중요한 부분은 한 번 더 체크, 쉽게 이해되지 않는 개념은 '왜 아직도 안 익혀지지?' 하며 한 번 더 체크해보세요. 이런 반복 과정을 통해 정리한 내용을 온전히 내 지식으로 만드는 마지막 완성 단계를 꼭 거치기를 바랍니다.

역사 용어는 어떻게 공부해야 하나요?

여러분! 역사 공부 잘하고 싶나요? 그렇다면 먼저, 역사 공부를 잘하는 친구들은 어떻게 공부하는지 살펴볼까요? 그 친구들이 공통적으로 가지고 있는 특징을 한번 찾아봅시다!

역사를 잘하는 학생들은 역사적 사실과 사건을 많이 알고 있을 뿐 아니라 그 사실들이 일어난 순서, 즉 역사의 흐름도 잘 이해하고 있어요. '그 애들은 암기력이 좋아서겠지?'라고 생각할 수도 있을 거예요. 그러나 잠깐만요! 진짜 중요한 이유는 따로 있어요. 바로, 그 친구들은 역사 용어를 '자기 것'으로 만들었기 때문입니다. 용어의 뜻을 정확히 알고 있어서 사건과 사실, 흐름까지도 더 깊이 이해할 수 있는 거죠.

그러면 이제부터 구체적으로 역사 용어는 무엇이고, 왜 중요한 것인지 이야기해봅시다. 역사 용어란 역사를 공부하기 위해서 반드시 알아야 하는 개념이에요. 역사 용어만 정확하게 알고 있어도 역사적 사실과 사건을 떠올릴 수 있고, 어떤 시대인지 단번에 알아챌 수 있어요.

> 공민왕은 14세기 중엽 원이 약해지자 반원 개혁 정책을 추진하였다.

위 내용은 현재 고등학교에서 사용하고 있는 교과서에 나온 것입니다. 단 한 줄짜리 서술이지만 역사 용어를 제대로 이해하지 못했다면, 그 뜻을 파악하기가 정말 어려울 것입니다.

'원? 국가의 명칭인가?'
'공민왕? 들어본 것 같은데, 일단 왕이구나.'
'반원 개혁 정책? 공민왕이 추진한 어떤 정책인가 보네.'

이처럼 역사 용어의 의미를 정확히 알지 못하면 문장 전체를 이해하기가 어렵습니다. 역사 용어에 대한 이해는 단순한 암기를 넘어, 역사 지식을 쌓고 전체 맥락을 파악하는 데 꼭 필요한 첫걸음이에요. 그래서 역사 공부에서 용어는 단순한 단어가 아니라 핵심 도구라고 할 수 있어요. 하지만 문제는, 역사 용어가 일상에서 잘 쓰이지 않는 낯선 단어들이 많고, 한 번에 뜻을 파악하기 어려운 경우도 많다는 점이에요. 그래서 선생님들은 매 수업을 준비할 때마다 고민합니다. "이 어려운 용어들을 어떻게 하면 학생들에게 쉽고 명확하게 전달할 수 있을까?" 하고요.

역사 용어가 어려운 세 가지 이유
첫째, 어려운 한자어가 많기 때문이에요.

그렇다면 왜 역사 용어에 한자어가 많을까요? 이건 우리나라의 역사적 배경과 한자의 특징에서 그 이유를 찾을 수 있어요. 우리나라는 오래전부터 중국과 활발히 교류하며 정치와 문화를 받아들였어요. 그중 대표적인 예가 바로 불교입니다. 고구려, 백제, 신라 삼국은 왕을 중심으로 한 고대 국가로 발전하는 과정에서, 백성의 사상을 하나로 통합할 필요가 있었어요. 하지만 당시에는 지역마다 다른 종교를 받아들이고 있었기에 통합이 쉽지 않았습니다. 그래서 공통된 사상으로써 불교를 받아들이게 되었는데요. 고구려는 중국의 전진이라는 나라에서, 백제는 중국의 동진이라는 나라에서 불교를 받아들였고, 신라는 고구려를 통해 불교를 받아들이게 됩니다. 이처럼 정치와 문화 같은 새로운 지식을 배우기 위해서는 중국 사람들과 소통할 수 있어야 했는데, 그 도구가 바로 '한자'였습니다.

한자는 복잡한 개념을 짧은 말로 표현할 수 있는 장점이 있어요. 예를 들어 '중앙집권'이라는 단어는 '나라의 힘이 중앙으로 모여 있는 상태'를 단 네 글자로 표현하죠. 이처럼 짧고

편리한 표현 방식 때문에, 한자어는 오늘날까지도 역사 용어 속에서 널리 사용되고 있는 것입니다.

둘째, 지금은 잘 쓰지 않는 말이 많기 때문이에요.

역사는 옛날에 있었던 일과 그에 대한 오늘날 사람들의 해석을 배우는 과목이에요. 다시 말해, 과거를 공부하는 과목이죠. 그런데 옛날에 있었던 일들이 지금 그대로 일어나는 경우는 거의 없어요. 비슷한 상황이 생기기도 하지만, 지금은 사회가 훨씬 더 복잡하게 변했기 때문에 똑같은 일이 그대로 되풀이되진 않죠. 또한 인류는 아주 오래전 원시시대부터 지금까지 끊임없이 변화하고 발전해왔어요. 그래서 옛 시대를 설명하기 위해 만들어진 용어들을 오늘날에도 그대로 사용하기에는 맥락이 맞지 않는 경우가 많아요. 즉, 역사 용어는 과거의 사건과 상황을 설명하기 위해 만들어진 말이므로 현재의 삶이나 언어 감각과는 다소 어울리지 않을 수 있습니다.

셋째, 다른 나라의 역사에는 쉽게 공감하기 어렵기 때문입니다.

우리는 살아가면서 자연스럽게 우리나라의 역사와 문화에 익숙해집니다. 그래서 한국사 이야기를 들으면 더 쉽게 이해하고 공감할 수 있죠. 하지만 다른 나라는 우리와 전혀 다른 환경과 문화를 가지고 있잖아요? 정치 체제, 지리적 조건, 생활 방식, 종교 등 모든 게 다릅니다. 물론 국가 간에 서로 영향을 주고받으며 비슷해진 부분도 있지만, 대부분은 각자 다른 방식으로 발전해왔지요.

　예를 들어볼게요. 조선을 세운 이성계와 일본 에도 막부를 만든 도쿠가와 이에야스 중에서 누가 더 기억하기 쉬운가요? 대부분 이성계를 더 먼저 떠올릴 거예요. 이름이 짧아서 기억하기 쉬운 것도 있지만, 우리가 한국식 이름에 익숙하기 때문이죠. 동아시아 국가들은 한자, 유교, 불교처럼 공통된 문화 요소들이 있어서 어느 정도는 이해할 수 있어요. 하지만 세계사로 넘어가면 이야기가 달라져요. 문화가 훨씬 더 다양하고 생소해서 공감하기가 어렵게 느껴지거든요. 정리하자면, 역사 용어가 어렵게 느껴지는 또 하나의 이유는 이처럼 그 나라의 문화에 익숙하지 않아서 이해하거나 공감하기가 어렵기 때문입니다.

어려운 역사 용어, 이렇게 공부해보자
첫째, 한자의 뜻을 함께 공부합니다.
　예시를 몇 가지 살펴볼까요? '사화'는 士(선비 사)와 禍(재앙 화)가 결합한 단어예요. 선비들이 재앙을 입었다는 뜻이죠. 그래서 조선 전기에 사림 세력이 정치적으로 탄압받은 사건들을 통틀어 '사화'라고 부릅니다. '환국'은 換(바꿀 환)과 局(판 국)이 합쳐진 말인데, '정국의 판이 바뀐다'는 의미를 담고 있어요. 조선 후기, 서인과 남인이 권력을 놓고 다투면서 정권의 주체가 급변했던 사건을 가리키는 용어입니다.

이처럼 역사 용어는 복잡한 역사적 사실을 함축적으로 담고 있는 경우가 많아요. 한자의 의미를 알고 나면 낯선 용어가 훨씬 친근하게 느껴질 거예요. 그러니 새로운 역사 용어를 만났을 때, 겁먹지 말고 어떤 한자가 쓰였는지 들여다보세요. 뜻을 짐작해보는 것만으로도 역사적 맥락을 이해하는 데 큰 도움이 될 것입니다.

둘째, 자주 들여다봅니다.

용어가 어렵게 느껴진다면, 그 뜻을 완벽하게 이해하려 하기보다 먼저 '익숙해지기'를 목표로 해보세요. 새 학기가 시작되었을 때를 떠올려볼까요? 처음엔 모르는 친구가 많지만, 매일 보면서 이름과 얼굴을 자연스럽게 익히게 되잖아요? 역사 용어의 경우도 그렇습니다. 자꾸 마주치다 보면, 처음엔 어려웠던 말도 익숙하게 느껴져요. 이때 주의할 점은 이미 익힌 용어와 아직 헷갈리는 용어를 구분해보는 것입니다. 이미 잘 아는 친구 이름을 굳이 계속 외우진 않지요? 역사 용어 공부도 마찬가지입니다. 모르는 용어 중심으로 반복해서 보는 것이 좋아요.

셋째, '역사 용어 개념집'을 만듭니다.

휴대하기 편한 작은 노트를 하나 준비해서 아래처럼 역사 관련 용어들을 정리해보세요. 내가 확실히 이해한 개념이 무엇인지, 아직 헷갈리는 개념은 무엇인지 한눈에 파악할 수 있답니다.

선사 문화의 전개와 고대 국가의 형성

역사 용어	의미	이해
뗀석기	돌을 깨거나 떼어 내어 만든 도구	O
간석기	돌을 갈아 만든 도구	O
군장	청동기 시대에 여러 부족을 통합한 권력자	X
고조선	청동기 문화를 바탕으로 성립한 우리 역사상 최초의 국가	O
연맹체 국가	부족 세력이 연합하여 만들어진 국가 예) 부여, 고구려	X
사출도	부여의 부족장들이 나누어 통치하던 영역	X
제가회의	고구려의 회의체로, 국가 운영의 주요 사항을 결정함	O

메소포타미아, 이집트, 지중해 문명

역사 용어	의미	이해
함무라비 법전	바빌로니아 왕국 함무라비왕 당시 만들어진 법전으로, 쐐기 문자로 기록되어 있음.	O
지구라트	메소포타미아 문명에서 만들어진 거대한 신전	O
파라오	이집트 문명의 최고 통치자, 태양신 '라'의 아들이자 신으로 여겨짐.	X
사자의 서	이집트 문명에서 만들어진 사후 세계 안내서	O
파피루스	이집트 문명에서 상형 문자를 기록한 식물	X

    수업 진도에 맞춰 역사 용어를 정리해두고, 일주일에 한두 번 정해진 시간에 훑어보는 습관을 들여보세요. 이렇게 자주 반복해서 살펴보면 역사 용어가 점점 익숙해질 것입니다. 수업 흐름에 따라 정리한 자료는 사건의 전개 순서를 파악하는 데 도움이 되고, 주제별로 중요한 개념을 한눈에 정리하는 데 유리합니다. 또한 이 과정에서 자신이 중요하다고 느낀 역사적 개념을 따로 정리해보면, 나만의 역사적 관점도 자연스레 생겨날 것입니다. '역사 용어 개념집'의 핵심은 크게 세 가지예요. 역사 용어, 그 의미, 그리고 내가 제대로 이해했는지 여부. 이 기본 틀에다 자신만의 방식으로 다양한 요소를 더하면, 세상에 단 하나뿐인 '역사 비법 노트'가 완성되는 거예요!

물론 역사 용어가 처음엔 어렵게 느껴질 수 있어요. 하지만 올바른 방법으로 공부하면 누구나 이해할 수 있습니다. 겁먹거나 도망칠 필요는 없어요. "No Pain, No Gain"이라는 말 들어본 적 있나요? 고통 없이는 얻는 것도 없다는 뜻이에요. 역사 공부도 마찬가지입니다. 처음에는 역사 용어를 찾아보고, 개념집을 만들고, 정리한 내용을 다시 보는 일이 귀찮고 부담스럽게 느껴질 수 있어요. 하지만 그 과정을 차근차근 견뎌내면, 어느 순간 역사 용어가 낯설지 않게 느껴질 거예요. 이제 우리 함께 역사라는 멋진 여행을 떠나볼까요?

수행평가는 어떻게 준비해야 하나요?

새 학기가 시작된 지 얼마 되지 않았을 무렵, 선사시대 유물 사진들을 보여주며 시대별로 구분해보고, 오늘날 비슷한 물건을 찾아보는 활동 수업을 진행했어요. 활동 방법을 열심히 설명하고 "이제 시작해볼까요?" 하고 말했더니, 한 학생이 손을 들며 걱정스러운 표정으로 묻더군요. "선생님! 이거 수행이에요?"

수행평가에 대해 학생들이 갖고 있는 이미지는 대개 이럴 것입니다. '뭔가를 직접 해보고, 그 과정이나 태도, 결과물을 바탕으로 점수를 받는 것'. 그러니 역사와 관련된 활동을 하고, 발표까지 하고, 그걸 사진으로 공유한다고 하니, '앗! 이건 수행이다!'라고 생각한 거겠죠. 무엇보다 학기 초라 의욕이 충만한 시점이었을 테니, "샘, 어떻게 해야 만점을 받을 수 있나요?"라고 묻고 싶었을지도요.

그 동그란 눈으로 묻던 아이의 얼굴을 보면서, '역시 수행평가도 또 하나의 평가이기에 부담스럽겠구나' 하는 생각에 마음이 조금 무거워졌습니다. 그렇다면, 정말 이게 수행평가였다면, 어떻게 준비해야 했을까요? '평가'라는 말만 들어도 긴장되는 건 사실이지만, 준비하는 과정을 조금 더 수월하게 만들 수는 없을까요?

수행평가에도 답은 있다

수행평가를 둘러싼 가장 큰 오해는 '답이 없다'는 말입니다. 정답지가 제시되지 않으니까 얼핏 주관적인 평가가 내려진다는 느낌을 받나 봅니다. 그러나 학습한 역사적 내용을 잘 이해하고 있는지를 평가하는 것이 그 목적이고, 무엇보다 성적으로 연결되는 만큼 이를 주관적으로 평가한다면 평가의 공정성 문제가 진작에 대두되어 없어졌을 것입니다. 평가자인 선생님께 알랑거리며 아첨을 떨거나, 선생님과 친분을 쌓아 눈에 익혀두거나, 아니면 풍부한 감수성을 폭발시켜서 긍정적 평가를 받아내는 것이 훨씬 빠른 방법일 테니까요.

물론 수행평가는 객관식 문제처럼 '정답'이 정해져 있는 게 아니에요. 하지만 어디까지나 '평가'이기 때문에, 명확한 평가 기준이 존재하고, 이 기준은 학기 초에 수행평가의 명칭이나 반영 비율과 함께 학생들에게 공개됩니다. 그러니까 '정답'은 없지만, '잘하는 방향'은 있다는 뜻이죠. 이 평가 기준을 꼼꼼히 살펴보면 수행평가에서 어떤 점을 중점적으로 보고자 하는지, 어떤 방향으로 과제를 완성해야 좋은 점수를 받을 수 있는지를 파악할 수 있어요.

'평가 기준'이란, 학생들이 이 활동을 통해 역사적으로 어떤 성장을 이루길 바라는지에 대한 선생님의 기대를 담아 만든 항목들이에요. 쉽게 말해, "이러이러한 요소들이 과제 안에 잘 녹아 있으면 좋아요"라는 일종의 안내서 같은 거죠.

예를 들어, 실제로 시행했던 수행평가 중 하나인 '유럽인의 신항로 개척에 대한 변론문 또는 기소문 쓰기'의 평가 기준을 보면, 어떤 점들을 평가하는지 금방 이해하실 수 있을 거예요(아래 표 참조). 단순히 역사 지식만 보는 것이 아닙니다. "주제를 얼마나 잘 이해했는지", "역사적 관점을 어떻게 구성했는지", "글쓰기나 발표에 얼마나 성실하게 임했는지", "창의적인 사고나 표현을 시도했는지", "친구들과 협력하고 소통하는 태도는 어땠는지" 등등 공동체 속에서 필요한 다양한 능력과 태도까지 함께 살펴보도록 구성되어 있습니다.

결국 평가 기준을 먼저 숙지하고 나면, 수행평가 과제를 막연하게 느끼지 않아도 됩니다. 내가 어떤 방향으로 준비해야 할지 명확해지니까요.

역량	평가 기준
사료 분석 능력	주어진 사료를 분석하여 자신의 주장을 뒷받침할 수 있는 두 가지의 역사적 근거를 찾아 작성하였는가?
역사적 비판력	주어진 사료를 분석하여 찾은 역사적 근거 두 가지를 활용하여 논리적으로 변론문 또는 기소문을 작성하였는가?
역사관의 정립과 세계시민의식	자신의 입장을 분명하게 정하고, 두 가지 이상의 이유를 제시하여 논리적으로 작성하였는가?

▲ 유럽인의 '신항로 개척'에 대한 변론문 또는 기소문 쓰기 수행평가 기준

역사에 대한 '너의 생각'이 궁금해

앞서 말씀드린 것, "평가 기준은 다양한 요소로 구성되어 있다"는 것, 기억하시죠? 이런 요소들을 묶어서 '역량'이라고 부릅니다. 그런데 선생님마다 수업을 통해 중요하게 생각하는 점이 조금씩 달라요. 같은 주제를 가르치더라도 수업 방식이나 학생에게 기대하는 성장의 방향이 다양하다는 뜻이에요. 예를 들어, '임진왜란'을 다룰 때 A 선생님은 전쟁의 전개 과정을 정확히 이해하길 바라시고, B 선생님은 전쟁 속에서 다양한 계층이 어떤 입장에 놓였었는지 파악하는 것을 더 중요하게 여길 수 있습니다. C 선생님은 임진왜란을 하나의 국제

전쟁으로 보고, 이 전쟁을 통해 주변 국가와의 관계가 어떻게 바뀌었는지를 이해했으면 좋겠다고 생각하실 수도 있고요.

이렇듯 수업을 바라보는 관점이 다르다 보니 수행평가의 유형도 자연스레 다양해질 수밖에요. 물론 창의적인 수행평가들도 많지만, 이번에는 역사 수업에서 자주 활용되는 일반적인 유형 위주로 소개해보려고 합니다.

> ↳ **서·논술형**: 역사적 주제에 대한 학생의 평가를 논리적 근거를 제시하여 긴 글로 작성하는 형태
> ↳ **프로젝트형**: 장시간에 걸쳐 하나의 역사적 주제와 관련된 결과물을 만들어내는 형태로, 개인별로 하기도 하고 모둠 형태로 하기도 함
> ↳ **포트폴리오형**: 장시간에 걸쳐 역사적 주제와 관련된 탐구 결과를 보고서로 작성하는 형태
> ↳ **발표 및 토론형**: 역사적 주제를 가지고 말로 자신의 생각을 표현하는 형태
> ↳ **결과물 제작형**: 역사적 주제를 가진 창의적 결과물, 즉 그림, 시, 음악 가사, 연극 등을 만들어내는 형태

형태나 방식은 다를지라도 역사 수행평가에서 요구하는 공통점은 분명 있습니다. 바로 '주제에 맞는 역사적 지식과 그에 대한 학생의 논리적 생각'을 확인하는 것입니다. 일단,

해당 주제에 대한 역사적 지식은 기본으로 알고 있어야겠죠? 그럼 '생각'은 어떻게 표현하면 좋을까요?

첫째, 구체적인 사례를 들어서 표현하는 것이 좋습니다.

'현대사 속 인종차별'을 주제로 발표를 한 뒤, 소감을 정리한 두 학생의 사례를 한번 볼까요?

> **학생 A**
>
> '인종차별 철폐의 날'과 '아파르트헤이트'에 대해 처음 알았다. 많은 흑인이 얼마나 힘들었을지 가슴 아팠다. '아파르트헤이트'의 안타까운 역사에 대해서 더 많은 사람이 알아야 한다고 생각하고, 관심을 가져야 한다고 생각한다.

> **학생 B**
>
> 먼저, 인권 증진을 위해 노력하는 사람이 되고 싶다면서, '인종차별 철폐의 날'에 대하여 제대로 된 지식을 갖고 있지 않던 내가 부끄러웠다. 하지만 발표를 준비하면서 남아공에서 일어난 인종차별 정책 '아파르트헤이트'의 어원부터 인종차별의 문제, 그리고 그 해결을 위해 얼마나 많은 사람이 힘썼는지를 알게 됨으로써 그분들에 대한 많은 존경심이 들었다. 통행

> 권운동을 알게 됨으로써 그분들에 대한 많은 존경심이 들었다. 통행권 운동이 일어난 지 59년이 지났는데도 여전히 전 세계 곳곳에서 그리고 우리나라에서 많은 사람이 인종차별과 인권에 대한 침해를 받고 있다. 이번 발표를 준비하면서 59년 전에도 그리고 현재에도 서로가 다름을 인정하지 않고 상대에 대한 자신의 우월성을 강조하기 때문에 이러한 일이 일어남을 다시 한번 느낄 수 있었다. 따라서 '관용의 자세'가 더욱 필요함을 느꼈고 타인을 있는 그대로 존중하는 것이 얼마나 중요한지를 깨닫게 되었다.

간혹 논술형 평가를 하다 보면, A 학생처럼 '훌륭하다', '대단하다', '마음 아프다', '놀라웠다' 같은 추상적인 감정 표현으로 글을 가득 채운 경우를 자주 보게 됩니다. 뭔가 열심히 썼다는 흔적은 보이지만, 안타깝게도 평가 기준에는 '감정'이 포함되지 않기 때문에, 교사 입장에서는 공감은 하되 점수를 부여하기 어려운 경우가 많아요. 반면, 감정을 담되 구체적인 이유와 맥락을 함께 제시한 B 학생의 글은 훨씬 높은 평가를 받습니다. 예를 들어, '~한 상황에서 ~한 점은 ~했기 때문에 긍정적(또는 부정적)인 ~로 평가할 수 있다고 생각합니다'처럼 자기 생각을 논리적으로 풀어내는 방식이죠.

이처럼 논술형 평가에서는 감정 그 자체보다, 그 감정을 뒷받침할 수 있는 '이해'와 '해석'이 중요하답니다.

둘째, 한쪽의 편향된 생각을 쓰지 않는 것이 좋아요.

우리는 흔히 '이건 과거에 실제로 있었던 일이니, 분명해'라고 생각하지만, 하나의 역사적 사실에도 여러 역사학자의 다양한 해석이 존재합니다. 그리고 이 해석들 간에는 단순히 옳고 그름을 가릴 수 없는 경우가 많지요. 그래서 특정 입장만을 무조건적으로 옳다고 주장하면, 오히려 역사에 대한 편향된 시각을 가지고 있다고 보일 수 있고, 역사 해석의 다양성에 대한 이해가 부족하다는 인상을 줄 수 있어 좋은 평가를 받기 어렵습니다.

만약 토론형 수행평가처럼 찬반 입장을 정해야 하는 과제라면, 자신의 입장을 분명히 하되 왜 그렇게 생각하는지를 논리적으로 설명해야 해요. 또, 상대 입장의 논리도 일부는 수용하면서, 이를 반박할 수 있는 근거를 제시하는 균형감 있는 접근이 필요합니다.

단순히 어떤 사건이나 인물에 대한 자신의 의견을 제시할 때도 마찬가지예요. 기존 역사학자들의 해석이 있다면 그것을 언급한 후, 거기에서 한 걸음 더 나아간 자신만의 관점을 논리적으로 덧붙이는 것이 훨씬 설득력 있고, 깊이 있는 답안이 될 수 있습니다.

셋째, 무조건 많이 쓰거나 말을 많이 한다고 해서 좋은 점수를 받는 건 아니에요.

대부분의 수행평가에서는 '분량'을 평가 기준으로 삼지 않기 때문에, 글을 길게 썼다거나 주어진 시간보다 오래 발표했다고 해서 점수가 올라가지는 않아요. 평가 기준에 부합하는 '내용의 알맹이'가 있어야 합니다. 물론, 너무 짧은 글이나 발표는 핵심 내용이 빠지기 쉬워서 좋은 점수를 받기 어려워요. 하지만 반대로, 감정을 절절하게 쏟아내며 긴 시간을 들였다고 해도, 정작 선생님이 이 수행평가를 통해 묻고자 하는 것을 제대로 담아내지 못한다면 점수를 채워줄 수 없습니다. 수행평가를 마주하면 반드시 "선생님은 이 과제를 통해 무엇을 묻고 있을까?"라는 질문을 먼저 던져 보세요.

그리고 잊지 마세요. 수행평가에서 '결과'도 중요하지만, 그것을 완성해가는 '과정'은 더욱 중요한 평가 요소입니다. 가끔 "저는 사람들 앞에서 말하는 게 너무 무서워요", "그림을 잘 못 그려서 포기하고 싶어요"라고 말하는 학생들이 있어요. 하지만 우리는 국어나 미술이 아닌 '역사'를 학습하고 있습니다. 역사 내용을 효과적으로 표현하기 위한 수단일 뿐, 발표력이나 그림 실력이 평가의 전부는 아니랍니다. 오히려 그런 능력들에 부담을 느끼지 않도록 아예 평가 기준에서 제외하기도 해요. 그러니 두려워하지 말고, 나의 역사적 사고력과 이해력을 보여줄 수 있는 소중한 기회를 스스로 포기하지 않길 바랍니다. 이 수행평가를 통해 '나는 역사 마스터로 한 걸음 더 나아가고 있어요!'라고 자신 있게 말할 수 있기를 바랍니다.

역사 시험별로 준비 방법도 달라져야 하나요?

여기 한 남성이 있습니다. 평소 얼굴을 알고 지내던 한 여성을 마음에 두고 있었지요. 어느 날, 그는 큰 결심을 하고 그녀에게 마음을 고백하기로 결심합니다. 그녀가 영화를 좋아한다고 들어서 티켓을 예매하려고 하는데요. 문제는 그녀가 어떤 장르를 좋아하는지, 최근에 무슨 영화를 보고 싶어 했는지를 모른다는 점이었어요. "에라 모르겠다!" 싶은 마음으로 그냥 가장 빠른 시간대의 액션 영화를 예매합니다.

저녁도 함께 먹고 싶지만, 그녀가 한식을 좋아할지 양식을 좋아할지 역시 알 수 없습니다. 결국, 자신이 좋아하는 메뉴인 자장면을 선택합니다. 고백은 낭만적으로 하고 싶지만, 전망대는 입장료가 부담스럽고, 프라이빗한 장소는 크리스마스를 앞두고 예약이 꽉 찬 상태. 그는 결국 영하 15도의 한강공원을 택합니다.

과연 이 남성의 고백은 성공했을까요?

고백에 100% 성공하는 비법

설사 어찌어찌 고백에 성공했다고 하더라도 상대방 여성의 마음을 100% 저격하지는 못했을 것 같군요. 왜냐고요? 바로, '내 위주로만 생각하고 상대방의 마음을 고려하지 못했기 때문'입니다. 시험도 마찬가지랍니다. 고백에 성공하고 싶으면 상대방의 호불호를 파악하여야 하듯, 시험을 잘 보고 싶으면, 그 시험의 특징과 시험 문항을 만드는 '출제자'의 마음을 고려해야 해요. 그것을 '출제자의 의도를 파악한다'라고 말합니다.

모든 시험은 수험생이 특정 영역에 대해 얼마나 잘 이해하고 있는지를 평가하고, 그 수준을 드러내는 것을 목적으로 합니다. 시험 결과는 다음과 같이 크게 두 가지 용도로 쓰일 수 있어요.

> 첫째, 어떤 일을 수행할 수 있는 능력을 갖추었음을 인증하는 경우입니다. 이런 시험은 '자격증 시험'처럼 결과 자체가 하나의 증명서 역할을 하지요.
> 둘째, 수험생 간의 성취 수준을 비교하고 서열화하는 경우입니다. 흔히 '평가'라고 불리는 시험들이 여기에 해당하며, 합격·불합격을 나누거나 선발의 기준이 되기도 해요.

위의 두 유형은 얼핏 비슷해 보이지만, 시험이 만들어지고 출제되는 방식에는 분명한 차이가 있어요. 시험 결과가 어떻게 활용되는지, 즉 '결과의 쓰임'을 이해하는 것이야말로 시험을 제대로 준비하는 첫걸음입니다. 따라서 시험의 목적을 이해하고, 출제자가 어떤 능력을 보고자 하는지를 파악하는 것이 매우 중요하답니다.

시험 없이 역사를 즐겁게 배우면 좋겠지만, 우리나라 사회에서 평가를 피하긴 어렵지요. 우리나라에는 소위 "역사 시험 3대장"이라고 부르는 시험이 있습니다. 바로 '학교 지필평가(내신)', '대학수학능력시험(수능)', '한국사능력검정시험(한능검)'입니다. 세 가지 모두 역사를 얼마나 잘 알고 이해하냐를 평가하는 대표적인 시험인데요. 가장 대표적으로 잘 알려져 있고, 누구나 한 번쯤은 맞닥뜨리게 되는 이들 시험을 중심으로 각각의 목적과 쓰임에 따른 출제 의도, 특징, 이에 따른 적절한 공부 방법으로 나누어 소개하겠습니다.

역사 시험 3대장 첫 번째 _ 학교 지필평가

학교에 다닌다면 누구나 피할 수 없는 시험이죠? 공식 명칭은 'O학기 O차 지필평가'입니다만, 일본식 표현인 '내신 시험'이라고 부르기도 해요. 예전에는 중간고사, 기말고사 이런 형태로 말하기도 했습니다.

첫째, 지필평가의 목적과 쓰임은 무엇일까요?

우리나라 역사과 교육과정상 언급된 바를 간추려보면, '역사 학습의 목표와 성취기준에 부합하도록 학습자의 지식·이해, 과정·기능, 가치·태도를 종합적으로 평가해 역사 이해와 성장을 돕는 데 활용할 수 있게 하기' 위해 평가하게 되어 있습니다. 물론, 이게 궁극적 목적입니다만, 안타깝게도 실제로는 학생의 역사 학습 수준을 서열화하여 대입에 활용하기 위한 자료로 쓰이고 있어요. 그래서 출제자들은 문항의 난이도를 상, 중, 하로 다양하게 나누어 변별력을 줌으로써 등급의 비율에 맞게 학생들이 분류되도록 문제를 출제합니다.

둘째, 지필평가가 지닌 특징은 무엇일까요?

두 단어로 말하면 '등급', 그리고 '학교 수업'이에요. 우선, '등급'은 성적을 나누는 것이 대입과 연결되기 때문에 나타나는 특징입니다. 그래서 교사들은 문항의 난이도를 세심하게 조정하고, 동점자를 최소화하기 위해 소수점 단위로 문항의 배점을 매겨요. 그런데, 더 큰 특징은 바로 '학교 수업'이에요. 지필평가는 수업시간에 학습한 내용을 토대로 출제합니다. 출제자는 수업을 진행한 담당 교사고요. 여러 명의 교사가 하나의 과목을 가르친다고 하더라도 이 교사들이 범위를 나누어 함께 공동으로 출제합니다. 한 교사가 들어간 학급의 학생들만 유리하지 않도록 공통으로 강조하는 내용도 정하고, 출제한 문항들을 모아 함께 수정해서 모두가 가르친 내용만을 출제하는 것입니다.

셋째, 공부 방법과 연결해볼까요?

선생님이 곧 출제자이니, 선생님의 수업 내용이 곧 출제와 연결되겠죠? 그럼, 수업을 집중해서 듣는 것은 무조건 필수죠. 출제자 '직강'이니까요. 그리고 선생님이 제공하는 학습 자료를 우선 공부해야 합니다. 간혹, 외부의 자료나 문제집부터 보는 학생들이 있는데 이는 음료수 뚜껑을 열지도 않고 마시려는 것과 같아요. 순서가 바뀐 것이지요. 그러니 음료수는 나오지 않을 테고, 엉뚱한 곳에서 힘만 빼는 모양새가 됩니다.

고등학교 지필 평가 체험하기

1. (가) 국가와 있었던 사실로 옳은 것만을 〈보기〉에서 있는 대로 고른 것은? [4.3점]

ㄱ. 별무반을 조직하여 대응하였다.
ㄴ. 정동행성을 통해 간섭을 받았다.
ㄷ. 강감찬이 귀주대첩에서 승리하였다.
ㄹ. 서희가 회담의 대가로 강동 6주를 획득하였다.
ㅁ. 팔만대장경을 조판하여 위기를 극복하려 하였다.

① ㄱ, ㄹ   ② ㄴ, ㅁ   ③ ㄷ, ㄹ
④ ㄱ, ㄴ, ㅁ   ⑤ ㄴ, ㄷ, ㄹ

☞ 제가 실제로 출제했던 고등학교 한국사 지필평가 문항입니다. 변별을 위해 보통 점수는 소수점 한자리 단위까지 설정하는 편입니다. 2015 개정 교육과정의 교육과정 성취 기준에 따르면, 고려 주변 국가와의 관계를 파악하고 대몽 항쟁의 노력과 권문세족의 특징을 이해하도록 하고 있어요. 고려는 거란, 여진, 몽골(원)과 차례로 대립하는 과정에서 내부적으로 기득권 세력의 교체가 이루어지고, 이에 따라 외교 정책뿐만 아니라 고려 전반의 통치 내용이 크게 달라졌거든요. 그래서 수업 과정에서 이 점을 강조하면서 고려가 거란, 여진, 몽골(원)과 대립하던 시기의 모습을 상상하여 모둠별로 그림을 그리도록 하고 발표하는 수업을 했어요. 학생들이 수업 내용의 핵심을 잘 기억하고 있는지 확인하기 위해, 그리고 교육과정의 목표를 달성했는지 확인하기 위해 낸 문항이었습니다. 물론 직접적으로 '몽골(원)과 고려 사이에 있었던 사실로 옳은 것을 고르세요'라고 출제할 수도 있겠죠. 그러나 고등학교 지필평가인 만큼 수능의 유형과 유사하게 그림 자료를 제시하며 (가)가 몽골(원)임을 유추해낼 수 있도록 부마국, 권문세족 등의 키워드로 힌트를 줬답니다. 또, 아주 쉽게 풀지 못하게 하려고 <보기>에서 여러 개를 고르도록 해서 난이도를 좀 더 어렵게 만든 거예요. <보기> 속 내용들도 정확히 공부한 학생들만 풀 수 있도록 고려와 대립했던 거란, 여진과 관련된 내용들로 구성했답니다. 문제를 뜯어보고 나니 왜 이렇게 출제했는지 이해되시죠?

역사 시험 3대장 두 번째_대학수학능력시험 한국사

학교 지필평가 다음으로 대한민국 학생들이 신경 쓰는 시험이 아닐까 합니다. 줄여서 '수능'이라 불리는 이 시험에서 한국사는 응시하지 않으면 성적표 자체가 나오지 않기 때문에 필수로 치러야 합니다.

첫째, 수능의 목적과 쓰임은 무엇일까요?

한국교육과정평가원이라는 곳에서 수능을 담당하고 있는데요, '선발의 공정성과 객관성 확보', '고등학교 학교교육의 정상화 기여', '공정성과 객관성 높은 대입 전형자료 제공' 이렇게 세 가지를 성격 및 목적으로 내걸고 있답니다. 이 중 우리에게 가장 와 닿는 목적은 대입 전형자료로 제공된다는 점, 즉 대입 선발용이라는 거예요.

둘째, 수능은 '절대평가'입니다.

'절대평가'란 일정 기준이 존재하고 그 안에만 점수가 들어가면 해당 등급을 받는 평가를 말합니다. 학생 선발에 활용하지만 변별해 서열화하고자 하는 목적성이 낮아서 배점도 2점 또는 3점으로 단순화되어 있어요. 전 시대를 다루어 시험 범위가 넓고, 20개의 문항밖에 되지 않다 보니, 굵직한 역사적 내용 위주로 질문하고, 보기는 여러 시대를 섞어놓으므로 공부만 하면 헷갈리지 않고 답을 찾아내도록 하는 편입니다. 대신, 검정 교과서 체제에서 출판사는 다양하지만, 교육부에서 제시하는 교육과정을 따르는 교과서라는 정해진 교재가 있으니, 무엇으로 공부해야 할지는 확실하죠?

셋째, 어떻게 공부하면 좋을까요?

우선 문제 유형을 익혀두어야 합니다. 반드시 그림이든, 지도든, 사진이든, 옛글을 현대식으로 바꾼 것이든 자료를 주고 문제를 풀게 합니다. 교과서에서 보지 않았던 것이 나오더라도 흐름과 키워드 중심으로 공부했던 것들을 그 속에서 찾아내는 연습을 많이 하면 좋아요. 고등학교의 경우, 대부분 지필평가 형식이 수능을 따르므로 수능과 지필평가를 함께 대비한다 생각하면 도움이 많이 되겠죠? 그리고, 넓은 시험 범위 중 반복되어 출제되는 주제가 있으니 5개년 정도의 기출문제를 풀며 반복되는 키워드를 익혀두는 것도 효율적인 방법입니다. 하지만 절대평가라 부담이 없을 거라는 핑계로 벼락치기를 해서는 안 됩니다. 보통 고등학교 1학년 때 한국사 수업이 있으니 방학 기간을 이용하거나 3학년 1학기 때 매일 짧은 시간이라도 꾸준히 투자하길 권합니다.

대학수학능력시험 한국사 체험하기

5. 밑줄 친 '이 왕'에 대한 설명으로 옳은 것은?

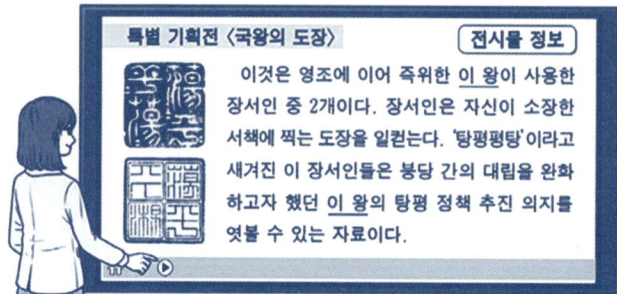

① 규장각을 육성하였다.

② 후삼국을 통일하였다.

③ 당백전을 발행하였다.

④ 경국대전을 반포하였다.

⑤ 쌍성총관부를 회복하였다.

☞ 2025학년도 대학수학능력시험 한국사 문항입니다. 앞서 언급한 학교 지필평가나 곧 언급할 한국사 능력 검정 시험이 이러한 문제 유형을 따르고 있죠. 이 문제는 가장 일반적으로 그림으로 자료를 제시하여 문제를 풀도록 하는 유형이고, 난이도도 2점이니 보통이에요. 그래서, 실은 그림의 형식은 중요치 않고, 그림 속 도장이 무엇인지 몰라도 풀 수 있죠. '영조에 이어 즉위'했다는 점과 '탕평 정책 추진 의지'라는 키워드만으로 '정조'임을 알 수 있기 때문이거든요. 결국, 이 문제는 '정조의 업적은 무엇인가?'를 묻는 문제랍니다. 정조의 업적은 이미 여러 차례 기출되었던 주제입니다. 여러 번 기출문제를 반복해 풀어보고, 문제 유형에 현혹되지 않으며 차분히 '키워드'를 찾는다면 무난히 풀 수 있어요. 어렵지 않죠?

역사 시험 3대장 세 번째_한국사능력검정시험

앞선 지필평가나 수능만큼은 아니지만 최근 각광 받는 역사 시험이랍니다. 2006년 시작해 국사편찬위원회라는 교육부 산하 기관에서 주관하는 자격증 시험이고요, 1년에 4회 정도 실시하고 있어요.

첫째, 이 시험의 목적은 무엇일까요?

한국사에 대한 관심을 높이고 역사적 사고력과 문제 해결력을 기르도록 할 뿐만 아니라, 올바른 역사의식을 갖도록 돕는 것입니다. 그런데, 공무원, 일부 공기업이나 민간 기업, 사관학교 입시 등에서 응시 기본 조건이거나 가산점 혜택 등을 부여하다 보니, 취업 또는 대입을 위한 관문 중 하나로 쓰이고 있는 실정입니다.

둘째, 이 시험의 특징은 무엇일까요?

바로, '인증 시험'이라는 점입니다. 앞선 두 시험과 달리 이 시험은 자격증을 취득하기 위한 시험이에요. 크게는 '심화'와 '기본', 세부적으로는 1급부터 6급까지 급수가 나뉘어 있으나, 결국 일정 점수의 커트라인을 통과하면 해당 급수의 자격증을 받을 수 있는 절대평가의 형식을 취합니다. 앞서 수능에서 절대평가의 특징을 알게 되었죠? 배점을 다양하게 하지 않고 큰 변별력을 갖도록 문항을 제작하지 않는다는 점이요. 이 시험에도 동일하게 적용됩니다. 전 시대를 시험 범위로 하는 것도 수능과 동일해요. 다만, '심화'와 '기본'처럼 두 가지 수준으로 시험을 내다 보니 '심화'는 5지선다형, '기본'은 4지선다형의 객관식 형태로 되어 있습니다. 배점은 1~3점까지로 한 단계 더 세분화되어 있습니다.

셋째, 어떻게 공부하면 좋을까요?

우선, 수능처럼 제시된 자료 속에서 키워드를 찾아내고 흐름을 이해한 것을 바탕으로 문제 푸는 연습과 기출문제를 반복하여 풀어보는 연습을 권합니다. 이른바 '문제은행식 출제'라고 해서 이전에 지문 속에든, 정답으로든, 보기로든 제시되었던 것들이 반복해서 나오기 때문에 기출문제를 반복하여 풀어보고 오답노트를 하는 것도 큰 도움이 됩니다. 그런데, 수능과 좀 다르게 해야 하는 점도 있어요. 자료를 제시할 때 다소 옛날 말로 어렵게 표현되었더라도 있는 그대로 자료를 제시하는 경우가 있어서 대비가 필요해요. 또, 같은 시대 안의 내용들을 보기로 세밀하게 출제하는 경우도 많습니다. 세시풍속, 유네스코 문화유산, 전통문화, 주제사, 특정 지역에서 있었던 일 등 수능에서는 잘 다루지 않는 역사적 소재들을 출제하기도 해서 특정 주제로 묶을 수 있는 역사적 내용들을 따로 정리해서 공부하셔야 해요. 공식적으로 정해진 교재가 없으니, 한국사와 관련된 모든 사항을 다방면으로 꼼꼼하게 바라보며 공부하길 권합니다.

한국사능력검정시험 체험하기

27. 다음 자료에 나타난 시기의 경제 상황으로 옳지 않은 것은? [1점]

> 비변사의 계사에, "현재 시전의 병폐로 서울과 지방의 백성이 원망하는 바는 오로지 도고(都庫)에 있습니다. 시중 시세를 조종하여 홀로 이익을 취하니 그 폐단은 한이 없습니다. 한성부에서 엄히 금하도록 하되 그 가운데 매우 심하게 폐단을 빚는 3강(한강·용산강·서강)의 시목전(柴木廛)·염해전(鹽醢廛)과 같은 무리는 그 주모자를 색출하여 형조로 송치해서 엄한 형벌로 다스려 후일을 징계하도록 분부하는 것이 어떻겠습니까?" 하니 윤허한다고 답하였다.

① 금속 화폐인 건원중보가 주조되었다.
② 담배와 면화 등의 상품 작물이 재배되었다.
③ 보부상이 장시를 돌아다니며 상업 활동을 하였다.
④ 모내기법의 확대로 벼와 보리의 이모작이 성행하였다.
⑤ 설점수세제의 시행으로 민간의 광산 개발이 허용되었다.

☞ 72회 심화에서 출제되었던 문제입니다. '심화' 수준이니 5지선다형에 '기본'보다는 어렵죠. 그래도 심화치고는 쉽다고 분류되는 1점짜리 문제입니다. 그런데, 지문의 단어들이 보기만 해도 어질어질하죠? '계사', '시중 시세', '시목전', '염해전', '윤허' 등 한자들이 너무 많으니까요. 근데 왜 1점인 거죠, 대체? 첫째, 둘째 줄 상대적으로 한자어가 덜 나오는 쪽에 있는 '비변사', '도고'라는 키워드로 조선 후기임을 알아낼 수 있거든요. 결국 조선 후기 경제 상황으로 옳지 않은 것을 묻는 문제입니다. 2~5번은 다양한 경제 활동들의 변화 모습이 나와 있는데, 1번은 금속으로 화폐가 만들어졌다고 말하죠? 조선 후기의 법정 화폐가 상평통보라는 것은 이미 여러 번 기출되었습니다. 건원중보는 고려 때 우리나라 최초로 만든 법정 화폐고, 이 역시도 여러 번 기출되었죠. 낯선 내용들이 아니니 어렵지 않을것이라 판단한 거예요. 그러니 이 문항은 변별을 위한 문항은 아닌 것이지요. 답도 1번으로 배치. 이제 알겠죠?

한 남성이 좋아하는 여성에게 고백하기로 결심합니다. 이번엔 다릅니다. 여성의 절친을 통해 그녀가 로맨틱 코미디 장르를 좋아한다는 정보를 얻고, 조금 시간이 애매하더라도 그에 맞는 영화를 예매합니다. 틈나는 시간엔 근처에 있던 감각적인 편집숍을 들르자고 제안하죠. 그녀의 SNS에 편집숍 사진이 자주 올라왔던 걸 기억했거든요. 지난번 해산물을 맛있게 먹던 그녀의 모습이 떠올라, 미리 퓨전 씨푸드 레스토랑도 예약해 두었습니다. 고백의 마음을 담은 편지를 꽃다발에 함께 전달해주는 서비스까지 신청하며, 세심하게 준비했죠. 날씨가 추운 날, 야외가 아닌 따뜻한 레스토랑에서 편안하게 이야기를 나눌 수 있도록 한 것도 그의 작은 배려였습니다.

이번에는 어떤가요? 고백이 성공할 것 같은 기운이 느껴지지 않나요? 시험도 마찬가지예요. 막연히 "어떻게든 해보자!"는 마음보다, 그 시험이 어떤 목적을 가지고 있고, 출제자는 무엇을 알고 싶은지를 파악해야 해요. 그렇게 탐색하다 보면 출제 의도가 보이고, 자연히 '어떻게 대비해야 할지'도 보이게 됩니다. 시험이라는 상대에게 건네는 고백, 이번엔 꼭 성공하시길 응원합니다.

유튜브로 역사 공부를 해도 되나요?

얼마 전, 한 학생이 조심스레 다가와 이렇게 말했어요.

"선생님, 잠깐 시간 좀 내주실 수 있어요?"

그리고는 머뭇거리며 속상한 얼굴로 말을 이었습니다.

"저 요즘 집에서 유튜브로 역사 공부하고 있었는데요…. 부모님이 자꾸 그만 놀고 공부 좀 하래요. 전 공부 중이라고 말씀드렸고, 역사 선생님이 모르는 내용은 유튜브로 찾아보는 것도 방법이라고 하셨다고 했는데… 말대답하지 말라고 하셨어요…. 너무 속상해요."

그 말에, 금방이라도 눈물이 맺힐 것 같은 눈빛을 보며 저는 조용히 웃으며 이렇게 말해주었어요.

"괜찮아. 너의 공부 시간과 노력은 절대 헛되지 않아. 좋은 결과를 만들어서 당당하게 부모님께 다시 보여드리자. 분명 네 마음을 이해하실 거야. 아무 말씀 안 하셔도, 속으로는 네가 대견하고… 미안한 마음도 드실 거야."

우리 학생들과 부모님 세대 간에 '학습 문화'가 얼마나 달라졌는지를 잘 보여주는 예입니다. 요즘 학생들은 검색엔진보다 유튜브를 먼저 찾는 경우가 많고, 실제로도 유튜브로 정보를 탐색하고 공부하는 비중이 점점 늘어나고 있거든요. 저역시 학생들에게 유튜브를 활용한 학습을 적극 권장하는 편이에요. 물론, 이런 변화는 부모님 세대에겐 익숙하지 않다 보니 걱정이 앞서기도 해요.

"유튜브로 공부해도 되는 걸까?"

"혹시 잘못된 정보를 그대로 믿게 되는 건 아닐까?"

이런 불안이 생기는 것도 당연한 일이지요. 하지만 유튜브는 잘만 활용한다면 스스로 필요한 주제와 학습 방식을 선택해 공부할 수 있다는 큰 장점이 있어요. 말하자면, 자신에게 맞는 학습 스타일을 찾아가는 도구가 될 수 있는 거예요. 그래서 무작정 유튜브를 배제하기보다는, 어떻게 올바르게 활용할 수 있을지를 아는 것이 더 중요하답니다.

이번 시간에는 역사 공부에 유튜브를 어떻게 효과적으로 활용할 수 있을지, 그리고 학생들이 흔히 갖는 오해는 무엇인지 함께 살펴보려고 해요. 잘 활용하면, 유튜브도 훌륭한 공부 도구가 될 수 있답니다.

유튜브에 대한 흔한 오해들

첫째, 구독자(혹은 조회 수)가 많은 영상은 믿을 수 있어요.

구독자 수나 조회 수가 많은 영상은 모두 믿을 만할까요?

그 진실을 파악하려면, 먼저 영상이 만들어지는 과정을 들여다볼 필요가 있어요.

유튜브 영상은 크리에이터가 주제를 정하고, 대본을 작성한 뒤 촬영과 편집을 거쳐 완성됩니다. 그런데, 그 크리에이터가 정말 해당 분야의 전문가인지 여러분은 어떻게 확인할 수 있을까요? 또, 영상 속 정보가 사실인지 판단할 수 있는 기준을 갖고 있나요? 이 두 질문에 선뜻 "그렇다"고 대답하기 어렵다면, 여러분은 단지 알고리즘이 추천한 영상을 수동적으로 소비하고 있는 것일지도 몰라요.

유튜브는 누구나 영상을 올릴 수 있는 플랫폼이에요. 다시 말해, 영상의 크리에이터가 반드시 전문가일 필요는 없다는 뜻이죠. 그래서 의도치 않게 사실과 다른 정보를 담는 경우도 있고, 심지어는 조회 수를 높이기 위해 자극적인 표현이나 왜곡된 내용을 담는 경우도 적지 않아요. 단지 구독자 수나 조회 수가 많다는 이유만으로 그 영상을 신뢰하고 공부에 활용하는 것은 매우 위험할 수 있다는 뜻입니다. 영상의 인기보다 중요한 것은 정보의 정확성과 신뢰성이라는 사실을 꼭 기억하세요.

유명 강사가 직접 설명하기 때문에 믿음이 가요.

우리 학생 여러분, 정치에 관심이 있으신가요? 아마 대부분은 "딱히 없다"고 말할 거예요. 그런데 갑자기 웬 정치 이야기냐고요? 바로 '역사의 학문적 특성'과 '유명한 강사도 결국 한 사람일 뿐'이라는 점을 설명드리기 위해서예요.

역사는 그 특성상 정치와 뗄 수 없는 학문이에요. 고대부터 현대까지의 정치, 경제, 사회, 문화를 종합적으로 다루는 것이 바로 역사 공부의 핵심이니까요. 그래서 역사학자나 역사 교사 등 역사 전공자들은 다른 분야의 전문가들보다 정치에 더 민감한 경우가 많아요. 이 말은 곧, 유명 강사의 강의 영상에도 그 강사의 정치 성향이나 역사관이 자연스럽게 반영될 수 있다는 뜻이기도 해요. 예를 들어, 보수 성향의 강사라면 초대 대통령 이승만의 과오를 거의 언급하지 않거나 아주 간단히만 짚고 넘어갈 수도 있어요. 반대로, 진보 성향의 강사라면 같은 내용을 두고도 그 과오를 과하게 부각시킬 수 있겠죠. 이처럼 직접적으로 말하지 않더라도, 강의 속에 스며있는 강사의 관점에 여러분이 무의식적으로 영향을 받을 수도 있어요.

특히 여러분은 아직 사고의 기반을 형성해가는 중이기 때문에, 균형 잡힌 시각, 편향되지 않은 해석을 배우는 것이 무척 중요합니다. 유명 강사의 영상이라고 해도 무조건 수용하기보다는, "이건 이 강사의 해석이구나"라는 비판적 태도를 잊지 마세요. 그 태도가 여러분을 더 단단한 역사 독해자로 만들어 줄 거예요.

어떤 태도로 유튜브에 업로드된 영상을 보아야 할까?

가장 바람직한 태도는, '역사가'처럼 주체적으로 영상을 시청하는 것입니다. 물론, 여러분에게 실제 역사가가 되라는 뜻은 아니에요. 다만, 역사가는 유튜브 영상을 볼 때 어떤 태도를 가지는지, 또 어떤 질문을 품고, 어떤 방식으로 판단을 내리는지 그걸 한번 따라 해보자는 거예요. '역사가처럼 생각하기'는 어려운 일이 아니에요. 여러분이 쉽게 실천할 수 있도록 천천히, 차근차근, 그리고 자세하게 알려줄게요!

첫째, 제작자를 파악하자.

유튜브 역사 콘텐츠를 제대로 활용하려고 할 때, 가장 먼저 해야 할 일은 바로 '크리에이터 파악하기'입니다. 누가 이 영상을 만들었는지를 알아보는 거죠. 이때 가장 중요하게 봐야 할 두 가지는 전문성과 중립성이에요.

먼저, 전문성부터 살펴볼까요? 앞서 말했듯 유튜브는 누구나 영상을 올릴 수 있는 플랫폼이에요. 그래서 그 영상이 얼마나 정확한 역사 지식을 바탕으로 만들어졌는지 꼭 확인해야 해요. 이때 채널 소개란에서 학력, 전공, 경력 등을 확인해

보면 도움이 되죠. 물론, 학력이나 경력이 뛰어나다고 해서 그가 전하는 모든 내용을 무조건 믿어도 된다는 뜻은 아니지만, 전문성을 갖춘 사람인지 아닌지를 판단하는 첫 번째 기준은 될 수 있어요.

다음은 중립성이에요. 역사는 '해석의 학문'이기 때문에 관점에 따라 다양한 해석이 가능해요. 그렇지만 지나치게 편향된 시각을 담고 있는 영상은 주의해야 해요. 특히, 역사학자도 아닌데 유사역사나 자극적인 해석을 내세우는 경우는 경계해야 하죠. 예를 들어, 우리나라의 위대함만을 지나치게 강조하는 이른바 '국뽕' 영상은 사실관계를 왜곡하거나, 과학적이지 않은 주장을 하기도 해요. 이런 영상은 과감히 스크롤을 내리고 다른 콘텐츠를 선택하는 용기가 필요합니다.

둘째, 출처를 확인한다.

크리에이터의 전문성을 확인했다면, 다음으로 살펴봐야 할 것은 '영상에 활용된 기초 자료'입니다. 대부분의 역사 콘텐츠는 『삼국사기』, 『삼국유사』, 『조선왕조실록』 등 전통 사료를 바탕으로 제작되곤 합니다. 그렇다면 그 사료의 실제 내용은 무엇이었을까요? 영상 속 설명에 크리에이터의 해석이 과도하게 개입되었는지 확인하기 위해 원자료, 즉 해석되지 않은 본래의 사료를 확인해보는 것이 중요해요(여기서 말하는 '원문'은 한자로 쓰인 원문이 아니라, 편향되지 않은 번역본을 말합니다). 이를 도와주는 대표적인 사이트 두 곳을 소개할

게요.

▶ 한국사데이터베이스 : 국사편찬위원회에서 운영하는 사이트로 고대부터 현대까지의 한국사 관련 사료를 전산화하여 제공합니다. 특히 『삼국사기』, 『조선왕조실록』 등 다양한 사료를 원문과 번역문으로 함께 제공해 영상에 나온 내용이 실제 사료와 일치하는지 꼼꼼히 확인해볼 수 있어요 (http://db.history.go.kr).

▶ 동북아역사넷 : 동북아역사재단에서 운영하는 사이트로, 한국사를 넘어 동아시아 전체의 역사 자료를 데이터베이스로 구축해 제공하고 있습니다. 특히 중국, 일본 등과의 관계나 국제 정세 속의 역사를 이해하고 싶은 학생들에게 큰 도움이 될 거예요(https://contents.nahf.or.kr).

이런 사료 사이트를 통해, 영상에서 제시된 주장이나 설명이 실제 사료에 근거하고 있는지를 여러분 스스로 검증해보는 습관을 길러보세요. 이렇게 하면, 단순히 '듣는 공부'가 아니라 '생각하는 공부'가 될 수 있습니다.

셋째, 두 개 이상의 자료를 비교 검토하자.

지금까지 크리에이터의 전문성과 출처를 파악하는 방법을 알아보았어요. 물론 꼭 필요한 단계지만, 조금은 번거롭게 느껴졌을 수도 있어요. 그런데 이보다 더 중요한 단계가 있어요. 바로 비교·검토입니다. '비교·검토'란 두 개 이상의 자료를 나란히 보면서 역사적 사실이 맞는지, 해석은 적절한지 확인하는 과정이에요. 자료가 많을수록 신뢰도와 정확도는 높아지겠죠? 비교·검토를 하는 방법은 매우 다양하지만, 여기서는 그중 대표적인 두 가지 방법을 소개하겠습니다.

1) 동일한 주제의 다른 영상 시청하기

내가 좋아하는 크리에이터의 영상을 시청했다면, 같은 주제를 다룬 다른 크리에이터의 영상도 함께 살펴보세요. 아무리 전문적인 강사라도 실수하거나 이미 바뀐 연구 내용을 예전 해석으로 설명하는 경우가 있기 때문이에요. 서로 다른 관점을 비교해 보면 잘못된 설명이나 빠진 내용이 훨씬 더 잘 보일 거예요.

2) 공신력 있는 사이트 활용하기

영상을 여러 개 찾아보는 게 번거롭거나 시간이 부족할 땐, 신뢰할 수 있는 역사 사이트를 활용해 간단히 검토할 수 있어요.

▶ 한국민족문화대백과사전 : 한국학중앙연구원이 운영하며, 우리나라의 역사와 문화를 체계적으로 정리한 백과사전이에요. 교사들도 참고할 정도로 내용이 신뢰할 만하죠 (encykorea.aks.ac.kr).

▶ 우리역사넷 : 국사편찬위원회에서 만든 사이트로 언제, 어디서든 누구나 우리 역사를 학습할 수 있도록 돕는 공간이에요. 교과서 용어 해설도 제공해, 낯선 용어나 개념을 확인

할 때 유용해요(contents.history.go.kr).

    정리하자면, 유튜브 영상 하나만 보고 끝내지 말고, 다른 시각과 자료도 함께 검토해보는 습관이 중요하다는 뜻입니다. 그렇게 하면 훨씬 깊이 있고 균형 잡힌 역사 공부가 가능해집니다.

    시대가 변했습니다. 요즘은 교과서와 같은 책에만 지식이 있는 시대가 아니에요. 여러분이 공부할 때 딱 정해진 몇몇 방법만 따라야 하는 것도 아니고요. 자신만의 방법으로, 자신만의 스타일대로 포기하지 않고 공부하는 것이 중요합니다. 유튜브를 활용하는 방법도 여러 길 중 하나입니다. 다만, 유튜브의 특성을 파악하고, '역사가'가 되어서 해당 자료를 꼼꼼하게 검토해야 한다는 점은 잊지 않기를 바랍니다. 대한민국 국민 모두가 '역사가'가 되는 그날이 머지않은 것 같지요?

생각하면서 역사 공부를 하려면 어떻게 해야 하나요?

"선생님, 역사 수행평가는 재미있긴 한데… 너무 어려워요."

학생들과 역사 수행평가를 진행하다 보면 자주 듣게 되는 말이에요. 그렇다면 아이들이 어렵다고 느끼는 건 정확히 무엇일까요? 바로 정답이 정해지지 않은 질문에 스스로 답을 찾아야 한다는 점입니다. 정해진 정답이 없다는 건, 학생들이 스스로 주제를 탐구하고 자신만의 생각을 정리해 표현해야 한다는 뜻이죠. 하지만 안타깝게도 많은 학생이 이런 과정을 유독 어렵게 느낍니다.

왜일까요? 그건 지금까지의 교육이 '정답을 얼마나 정확히 맞히느냐'를 중심으로 이루어져 왔기 때문이에요. 학생들은 제시문을 분석하고, 출제자의 의도를 파악해 보기 중 가장 적절한 답을 고르는 방식에 익숙해져 있죠. 수행평가도 서술형이나 논술형이라고는 하지만, 과거에는 주제 자체가 사실상 정해진 정답을 외워 쓰는 방식으로 진행되는 경우가 많았어요. 이런 경험이 누적되면서 학생들은 '스스로 생각하고 말하는' 평가를 더 어렵게 느끼게 된 것입니다.

> **수행평가 문항 예시 1 (과거 사례)**
> 1. 신라의 삼국 통일이 가지는 의의와 한계를 설명하세요.
> 2. 고려 태조가 호족을 회유하고 견제하기 위해 사용한 정책을 설명하세요.
> 3. 프랑스 혁명의 전개과정을 서술하세요.
> 4. 미국 남북전쟁의 과정을 서술하세요.

위의 질문들은 학생들의 생각을 요구하지 않습니다. 암기력을 요구할 뿐이죠. 의외로 학생들은 이런 스타일의 평가를 선호하며 쉽다고 생각합니다. 암기보다는 생각하는 것을 더욱 어려워하는 것 같습니다. 그러나 반대로 생각하면, 생각할 줄 아는 능력이야말로 경쟁력이 있다는 뜻이겠지요. 암기는 누구나 할 수 있지만 생각은 누구나 할 수는 없으니까요. 그리고 반복해서 말씀드리지만, 역사 교과의 목표는 사건의 암기에 있는 것이 아닙니다. 과거의 수많은 사례를 통해 인간을 이해하고, 사건에 대해 평가하고, 어떤 가치를 우선시해야 하는지 각자 내면화하여 이를 통해 현재와 미래를 바라보는 데 있습니다. 그렇다면 역사 교과의 진정한 목표를 달성하고, 학생들이 스스로 생각하며 답을 찾아가게 만드는 질문은 어떤 것들일까요?

> **수행평가 문항 예시 2 (요즘 사례)**
> 1. 우리 지역사회의 현안과 문제점을 탐구한 뒤, 해당 문제를 해결하기 위해서 제자백가 중 하나를 선택하고 이유를 서술하세요
> 2. 로마의 경제적 양극화가 가져온 정치변화를 설명하고, 현대 사회의 양극화를 분석하세요.
> 3. 한, 중, 일이 공통화폐를 만든다고 가정했을 때, 화폐에 들어갈 인물을 선정하고 그 이유를 서술하세요.
> 4. 현대 사회에서 가장 중요한 가치는 무엇이며, 그 가치에 부합하는 역사적 인물을 설명하세요

질문을 보는 순간 어떤 생각이 드셨나요? 조금 어렵게 느껴질 수는 있어도 무언가 생각하게 되지요? 새롭게 시작되는 2022 개정 교육과정에서도, 교육계에서 뜨거운 주제인 IB 프로그램에서도, 제가 속한 경기도교육청에서 강조하는 깊이 있는 수업에서도 〈예시 2〉번과 같은 질문을 강조하고 있습니다. 학생들이 스스로 생각하고 나름의 논리를 제시할 수 있는 질문들이니까요.

이러한 변화는 비단 중등학교에서만 벌어지는 게 아닙니다. 2022 개정 교육과정은 단편적인 지식을 이해하기보다는 보다 추상적이고 포괄적인 '개념'을 익히는 것을 강조하고 있

습니다. 이는 현재 대한민국 교육계에서 뜨거운 감자인 'IB 프로그램'과 일맥상통하는 부분입니다. 이제 얼마나 많은 지식을 머리에 저장하는지는 중요한 것이 아니에요. 이러한 움직임은 초등학교에서도 어렵지 않게 찾아볼 수 있습니다.

> **IB PYP(초등 프로그램)에서 제시한 초학문적 주제 6가지**
> 1. 우리는 누구인가?
> 2. 우리가 속한 공간과 시간
> 3. 우리 자신을 표현하는 방법
> 4. 세계가 돌아가는 방식
> 5. 우리 자신을 조직하는 방식
> 6. 우리 모두의 지구

IB 프로그램 중 초등학생을 대상으로 한 프로그램인 PYP(Primary years programme)에서는 초학문적 주제 6가지를 제안합니다. 국어, 수학, 영어 등의 각 교과는 모두 위의 여섯 가지 주제를 달성하기 위해 수업을 조직합니다. 평가도 마찬가지죠.

> **'세계가 돌아가는 방식'을 주제로 한 역사 교과 탐구 질문 사례**
> ↳ 나와 우리 가족, 지역, 사회는 과거와 어떻게 연결되어 왔을까?
> ↳ 우리 학교와 마을에는 과거의 흔적이 어디에 남아있을까?

수업과 평가는 학생들의 선호와 의견을 반영할 수 있어야 합니다. 하지만 단순히 '편한 방식'을 따르는 것이 아니라, 의미 있는 성장을 이끌어내는 방향이어야 하죠. 학생들이 '생각하기'를 어렵게 느낀다고 해서 암기 위주의 평가로 회귀한다면, 그 순간은 편할 수 있어도 결국 깊이 있는 배움은 멀어지고 말 것입니다.

만약 누군가 '생각하는 게 싫다'고 한다면, 그럴수록 더욱 '생각하는 일'이 아이들에게 익숙해지도록, 일상에서 자연스럽게 그런 경험을 할 수 있는 기회를 마련해주어야 합니다. 역사적 사건을 재료 삼아 나의 의견을 펼치고, 다른 관점과 비교하며 토론하는 것은 단순히 지식을 쌓는 것을 넘어 현대를 살아가는 우리에게 실질적인 통찰을 주는 매우 즐거운 경험이기도 하거든요. 실제로 지금 학교 현장에서는 이런 목표에 맞춰 〈예시 2〉와 같은 방식으로 수행평가와 논술형 평가가 점차 변화하고 있어요.

이제는 생각을 '잘' 하는 학생뿐 아니라 '생각하는 연습이 필요한' 학생도 함께 참여해야 할 때입니다. 그 과정에서 자신만의 시각과 목소리를 만들어가며 더 즐겁고 의미 있는 역사 수업을 누릴 수 있기를 바랍니다.

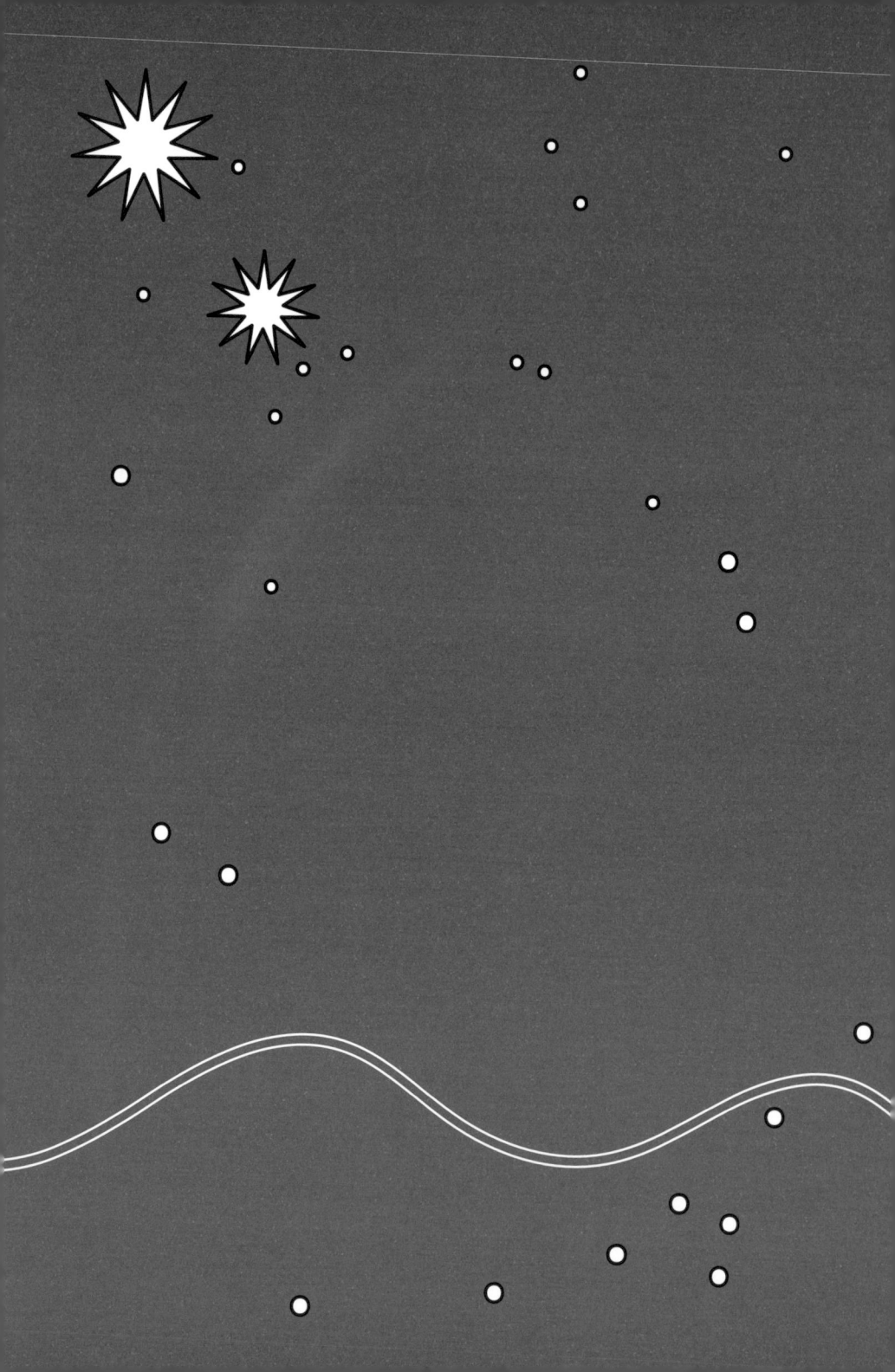

제3부 역사 교사는 어떻게 가르치나요?

김민주의 수업:
삶과 연계된 역사 수업

"역사를 배워서 어디에 써요?"

고등학교에서 수업을 하다 보면 빠지지 않고 듣게 되는 질문입니다. 학생들이 성적, 대입, 취업을 직접적으로 연결해서 생각하다 보니, '역사 공부의 쓸모'에 대해 의문을 품는 경우가 많죠. 고등학교 역사 과목 중 한국사는 필수지만, 그 외의 역사 과목들은 대부분 선택 과목이다 보니 학생 상담을 하다 보면 으레 이런 이야기를 듣게 됩니다.

고등학교에서 소위 '역사 교과 우등생'이라고 불리는 부류는 크게 두 가지로 나눌 수 있어요. 하나는 모든 교과에서 성취도가 높은 전형적인 상위권 학생들, 그리고 다른 하나는 역사에 푹 빠진 일명 '역덕(역사 덕후)'입니다. '역덕' 학생들은 역사와 관련된 모든 것에 열정을 보입니다. 선생님 입장에서는 고맙기도 하지만, 가끔은 그 관심이 너무 과해서 부담스럽기도 해요. 하지만 이 학생들이야말로 역사적 상상력과 지적 열정을 바탕으로 역사 관련 전공으로 진학하거나 삶의 방향까지 역사와 연결 지으며 나아가는 경우가 많습니다. 반면, 상위권 학생들은 본래 공부 자체를 잘하니 역사 과목 역시 성적이 잘 나옵니다. 또 대입에 도움이 된다는 점도 잘 알고 있어 수업이나 활동에도 성실히 참여하죠. 문제는 이들 중 일부가 "역사를 전공해서 뭘 해 먹고사냐"는 고정관념을 가지기도 한다는 점입니다. 수업은 대충 듣고 시험은 잘 보는, 평가만 잘 받으면 된다는 식의 태도를 보이는 경우도 있지요. 이럴 때 '우수한 성적'이라는 결과 뒤에 숨은 노력의 가치를 깎아내리는 잔꾀로 인해 속을 긁는 듯한 기분을 주기도 합니다.

저는 비록 '역덕'은 아니었지만, 역사를 전공한 사학도로서 역사의 매력을 이렇게 느꼈습니다. "이 세상 모든 것에는 역사가 있다." 이 생각은 제가 처음 교사가 되었을 때부터 품었던 철학으로 '삶과 연계되는 역사 수업'을 해보자는 다짐이기도 했습니다. 그 철학을 실천하기 위해 학생들이 살아가는 현대 사회의 모습, 그리고 그들이 꿈꾸는 진로와 역사를 연결할 수 있는 수업을 구성해왔습니다.

'역사 만물설'이라는 저만의 개똥철학을 조금이나마 빛나게 해줄 수 있었던 수업이 있었는데요, 그중 하나가 바로 세계사 과목을 선택한 고2 학생들과 함께한 「삶과 역사 프로젝트」입니다. 이 수업은 자연스럽게 수행평가로도 연결되도록 한 학기 동안 이어졌고, 학생들이 '역사는 삶에 분명한 쓸모가 있다'는 것을 스스로 느낄 수 있도록 구성했습니다. 지금부터 그 수업의 흐름을 타임라인과 함께 소개해드릴게요!

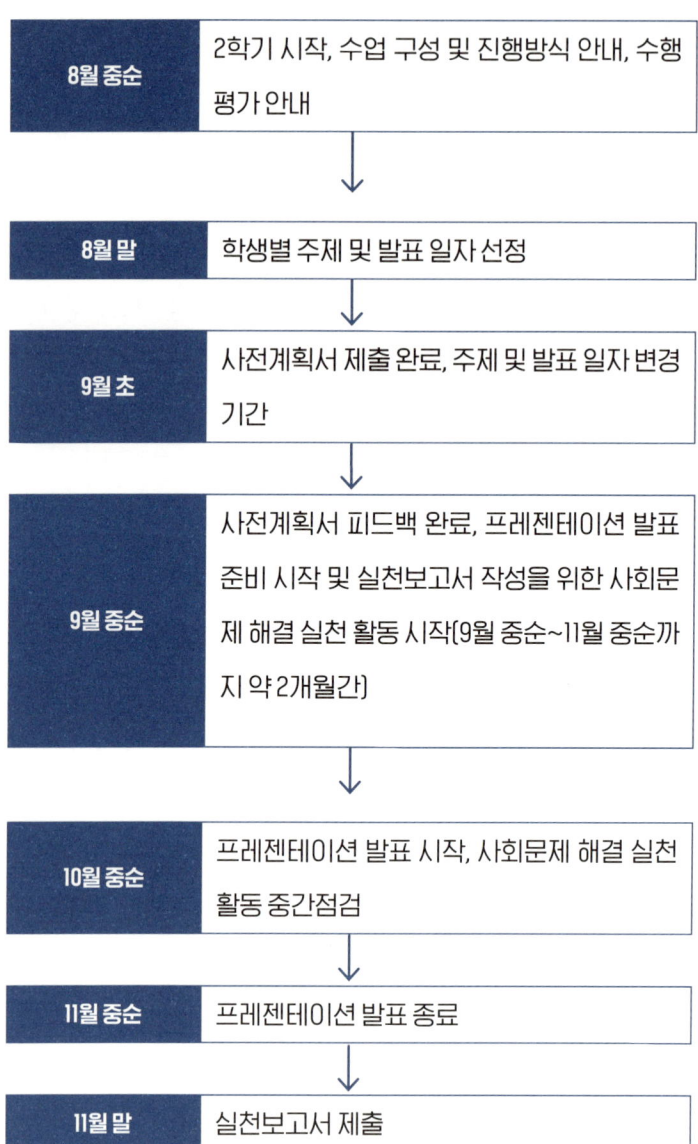

학기가 시작되던 첫 수업 날, 학생들에게 수업에 대한 전반적인 브리핑을 진행했어요. 기본적으로는 진도에 맞춰 수업을 진행하되, 그 속에 사회 문제와 관련된 다양한 이슈들을 함께 녹여 설명하겠다고 밝혔습니다. 이를 통해 수업의 취지를 살리면서도 대학수학능력시험이나 내신 등 실제 평가에 대한 대비도 함께할 수 있도록 구성한 거죠.

수행평가 항목으로는 ① 사전계획서, ② 프레젠테이션을 활용한 발표, ③ 실천보고서, 이 세 가지를 한 학기 내내 단계적으로 진행하며 평가하겠다는 점도 미리 안내했어요. 다만, '계획이란 언제든 바뀔 수 있는 것'이라는 점을 강조하면서 사전계획서를 제출하지 않았다고 해서 감점을 주지는 않을 거라고 밝혔습니다. 대신, 제출한 학생에 한해서는 주제 선정에 대한 개별 피드백을 제공함으로써 학생들의 부담을 조금이나마 덜어주려 했죠. 또, 막막함을 느낄 학생들을 위해 수업 시간마다 제공한 학습지의 각 대단원 첫머리에 제가 직접 쓴 칼럼 형태의 짧은 글을 실어 두었어요.

제목은 「삶×역사」. 실생활과 역사적 맥락을 연결한 짧은 에세이 형태의 글이었고, 학생들에게 수행평가 주제를 정하거나 생각을 확장할 때 작은 단서가 되어주기를 바라는 마음이 담겨 있었답니다. 지금부터 그 학습지에 실었던 글 중 하나를 함께 나누어보려 합니다.

삶 × 역사. '편견은 때로는 논란이 된다!'

1. 디즈니 최초의 여성 영웅, 최초의 동양 배경 애니메이션 〈뮬란〉

미국 월트 디즈니사의 36번째 장편 애니메이션인 〈뮬란(Mulan)〉은 1998년에 개봉하여 전 세계적 홍행을 이끌어냈으며, 이 인기에 힘입어 2020년 중국 유명 배우 유역비를 주인공으로 한 실사영화까지 제작되었다. 뮬란은 중국 남북조시대 작자미상의 '화목란 이야기' 속 목란을 지칭한다. 실제 화목란 이야기는 여러 시대에 걸쳐 다양한 버전으로 등장하는 일종의 '설화'인데, 그중 북제 난릉왕의 전설을 살짝 바꿔 왕족을 평민으로, 여자처럼 곱게 생긴 남성을 진짜 여성으로 바꿔 애니메이션의 소재로 삼았을 것으로 추정된다.

2. 논란의 영화 〈뮬란〉

디즈니에서 애니메이션으로 개봉했을 당시부터 〈뮬란〉은 논란에 휩싸여 몇몇 국가에서는 개봉조차 금지당했다. 특히 몽골에서는 애니메이션 속 악당들의 모습이 칭기즈 칸의 몽골족을 연상한다며 개봉을 거부했고, 영화 속 훈족을 조상으로 받들고 있는 터키에서는 애니메이션에 대한 항의 시위를 벌여 조기종영 하기도 하였다. 훈족의 한 일파인 마자르족을 조상으로 하는 헝가리의 일부 사람들 역시 자신들의 조상을 모욕했다면서 항의를 하기도 하였다. 한편, 〈뮬란〉이 실사판으로 만들어진 최근에도 한 번 더 논란에 휩싸여 이슈가 되었다. 우선, 영화가 중국에서 소수민족인 위구르족에 대한 탄압이 진행 중이던 신장 위구르 지역에서 촬영되었고, 이 때문에 영화 엔딩에 신장 위구르 자치구의 공안뿐만 아니라 위구르족 인권 탄압과 관련된 단

체들의 이름이 올라갔다는 점에서 글로벌 기업이자 어린이들에게 영향력이 큰 회사인 디즈니가 인권문제에 소홀했다는 점에서 큰 비난을 받았다. 또한, 주연배우였던 유역비가 2019년 홍콩 민주화 운동 당시 sns로 홍콩 경찰을 옹호하는 글을 올리면서 홍콩 경찰의 폭력을 공개적으로 지지한다는 의미로 받아들여져 대중의 영화 보이콧 운동이 일었다. 특히, 유역비가 미국으로 귀화한 중국계 미국인인데, 미국은 정작 공식적으로 중국에 반대하고 홍콩의 민주화 운동을 지지하고 있었기에 미국 내 비판도 컸다. 결국 영화는 영화 속 스토리를 받아들이는 사람들의 역사적 배경 차이, 그리고 현재 중국의 정치적 행동이 원인이 되어 논란의 소재가 되고 말았다.

3. 〈뮬란〉의 논쟁점이 오히려 우리에게 시사하는 점

영화 〈뮬란〉은 많은 논란을 가지고 있다. 또 실제 영화가 남북조시대를 배경으로 함에도 불구하고 흉노, 위진 남북조, 수, 당, 원까지의 여러 역사적 특징을 섞어 역사적 왜곡이 있다. 그럼에도 불구하고 오히려 중국 역사의 다양한 면면을 확인할 수 있다는 점에서 의미가 있다. 또한 〈뮬란〉 속에서 중국 한족들이 유목민을 바라보는 시각과 편견을 지금의 중국이 주변 민족과 국가를 바라보는 시선과 결합하여 바라볼 때 시사점도 크다.

☑ **우리가 배울 단원과 연결해서 기억해두자!**
☑ **중국 한족들이 유목민족들을 바라보는 시선을 우리도 꼭 따라야 하는 걸까?**

대략 감이 오시나요? 순서가 정해져 있는 것은 아니지만, 대체로 사회적 이슈가 무엇인지 밝히고, 그와 관련된 역사적 내용을 살펴본 후, 관련된 사회 문제를 제시하며 오늘날 우리가 가져야 하는 올바른 시각, 시사점을 밝히는 것으로 생각을 정리하고 있습니다. 학생들은 여기에 더해 이 문제점을 해결하고 더 나은 사회를 만들어나가는 데 보탬이 되도록 학생의 신분에서 할 수 있는 일을 찾아서 실천 계획을 세워보고 어떤 방식으로든 실천하면 되는 것이죠. 총 20점 만점의 수행평가에서 제가 제시했던 평가 기준은 다음과 같습니다.

1. 세계사 속 주제 한 가지 이상을 현재 사회 문제와 연결하여 발표 자료를 제작하였는가?
2. 역사적 주제의 세부 내용에 역사적 오류가 없는가?
3. 발표 자료에 현재 사회 문제의 핵심을 명확하게 분석하고 이에 대한 자신의 비판적 생각을 논리적 근거를 한 가지 이상 바탕으로 하여 제시되어 있는가?
4. 적당한 성량과 어조로 조리 있고 전달력 있게 발표하였는가?
5. 실천 보고서에 사회 문제 해결을 위한 실천 계획을 구체적이고 실현 가능성 있게 수립하고 실천한 증빙자료가 나타나 있는가?

6. 실천 보고서에 자신의 진로 목표와 연계하여 느낀 점을 작성하였는가?

학생들 중에는 "세계사 수업만 듣는 것도 아닌데 너무 부담돼요!"라며 투덜대는 아이도 있었어요. 충분히 이해되는 반응이었고, 사실 저 역시 수업을 준비하며 그 점이 가장 걱정되기도 했어요. 요즘 입시 부담이 점점 커지면서 학생들이 더 많은 것을 요구받고, 그만큼 하루하루가 바빠졌다고 알고 있었으니까요. 하지만 '역사는 삶 속에 녹아 있다'는 말이 그저 문장 한 줄로만 전해진다면, 과연 학생들의 마음에 얼마나 닿을 수 있을까요? "본인이 품을 들여야 귀한 줄 안다"는 말처럼, 저는 철판을 깔고(!) 밀어붙이기로 했습니다. 학생 스스로 깨닫게 도와주고 싶었거든요. 대신 평가 기준을 너무 빡빡하게 설정하지는 않았습니다. 그보다는 제가 이 수업을 통해 학생들에게 기대했던 성장의 모습들을 평가 요소로 반영했죠.

프로젝트 초반엔 우왕좌왕도 많았어요. 주제를 무려 세 번이나 바꾼 학생도 있었고, 초반엔 열정적으로 조사와 실천을 하다가 마지막에 포기한 학생, 반대로 초반에는 조용하더니 마지막에 폭발적인 에너지를 보여준 학생도 있었답니다. 조사도 열심히 하고 실천도 잘했으면서도 막상 발표하자니 "부끄러워요"라며 거절하는 학생, 혹은 사소한 이유로 아예 발표를 거부해 난감했던 경우도 있었어요. 하지만 그 와중에도 학생들은 눈에 띄게 달라졌습니다. 뉴스를 천천히라도 살펴보는 모습, 담임 선생님이나 진로 선생님을 찾아가 진지하게 상담을 나누는 모습, 쓰레기를 줍거나 친구들에게 설문조사를 돌리는 '평소 안 하던 짓(?)'을 적극적으로 해내는 모습에 웃음이 피식 나기도 했죠.

결과는 상상 이상이었어요. 경제·경영학과 진학을 희망하던 한 학생은 '뉴딜 정책'을 주제로 현재 벌어지는 빈부격차, 빚투 현상 등을 역사적 흐름과 연결 지어 분석했고, 자신만의 해결책까지 제시했어요. 실천 보고서에는 SNS에 꾸준히 관련 내용을 업로드한 흔적이 고스란히 담겨 있었죠. 간호학과를 희망했던 학생은 '수술의 역사'를 주제로 과학혁명, 이슬람 의학 기술, 전쟁 속 인체 실험 등 다양한 사례를 조사했고, 현대 의료 사고 문제까지 연결 지어 의학의 윤리에 대한 고민을 진지하게 풀어냈어요. 실천 보고서에 실린 '미리 써보는 간호사 선서'는 정말 인상 깊었답니다. 시각디자인과를 지망한 학생은 '팝아트의 영향'을 주제로 팝아트가 탄생한 역사적 배경을 깊이 있게 분석하고, 여러 추상표현주의 작품을 큐레이터처럼 설명해 큰 호응을 얻었어요. 특히, 팝아트가 전통적 예술 개념을 깨뜨렸다는 점을 오늘날의 '학력 만능주의' 풍조에 빗대어 비판하는 대목에선 저도 모르게 "허를 찔렀네!" 하며 감탄했답니다.

이 수업을 통해 학생들이 얼마나 성장했는지는, 사실 그들 자신에게 물어봐야 할 것 같아요. 하지만 분명한 건, 수업이 모두 마무리되었을 때 저에게 "역사가 도대체 내 삶에 어떤 영향을 주느냐?", "왜 굳이 역사 공부를 해야 하느냐?", "성적만 잘 받으면 되는 거 아니냐?"라고 되묻는 학생은 단 한 명도 없었다는 점입니다. 오히려 학생들의 실천 보고서 속 '느낀 점'에는 장기간에 걸쳐 무언가를 해냈다는 뿌듯함, 사회 문제를 외면하지 않겠다는 다짐, 앞으로 대학교에 가서 어떤 것을 더 공부하고 싶은지에 대한 구체적인 계획까지 담겨 있었습니다.

요즘은 사회 변화에 가속도가 붙고 있다는 게 실감납니다. 그만큼 학교에서 마주하는 아이들의 생활 습관도, 사고방식도, 꿈꾸는 미래의 모습도 훨씬 더 다양해지고 있고요. 그 흐름을 따라가느라 저도 헐떡거리며 발을 맞추고 있는 중입니다. 그럼에도 불구하고 시대가 아무리 빨리 바뀌어도 변하지 않는 사실이 하나 있어요. 바로 '역사는 흐른다'는 것, 그리고 그 흐름은 지금 이 시간을 살아가는 모든 사람의 삶 속에 깃들어 있다는 점이에요.

저는 이렇게 말하고 싶어요. "역사를 공부한다는 건 결국 내 삶을 연구하는 일이다"라고요. 자신의 삶을 더 잘 들여다보고 가꾸는 일, 그 과정에서 역사는 분명하게 '쓸모' 있는 존재가 됩니다. 저와 함께 일정 기간, 교실이라는 한 공간에서 역사 수업을 함께한 학생들이 그 이전보다 아주 조금이라도 자신의 삶을 긍정적인 방향으로 움직일 수 있는 계기를 찾았기를 진심으로 바랍니다. 그래서 저는 앞으로도 이 개똥철학(!)을 믿고 또 다른 수업을 시도해 보려고 합니다. "역사는 너의 삶에 분명히 쓸모 있어"라고 저만의 '역사 만물설'을 큰 소리로 외치면서요.

박순화의 수업: 재미로 시작해서 생각으로 끝나는 수업

"자, 2분 줄게. 여는 퀴즈 시작!"

제 수업의 시작을 알리는 소리입니다. 여기저기서 휴식을 취하고 수다 떨던 아이들이 하나둘씩 자리로 돌아와 교과서 등을 꺼내며 저마다 스마트폰을 꺼냅니다. 여는 퀴즈에 참여하기 위해서요.

저는 매 수업 시간 교실에 들어가며 아이들에게 세 문제로 구성된 간단한 '여는 퀴즈' 링크를 오픈 채팅방으로 전달합니다. 여는 퀴즈는 2분 동안 여러 번 풀 수 있습니다. 2분이 지나고 나면 화면에 현재 시점의 순위를 띄웁니다. 그리고 1등을 한 학생과, 2등~50등 사이에서 무작위로 3명을 뽑아 '한국사 마일리지'를 적립해줍니다. 50등 안에 들어오기만 하면 누구에게나 당첨의 기회가 열려 있으므로 많은 학생이 2분 안에 최대한 여러 번 하려고 애를 씁니다.

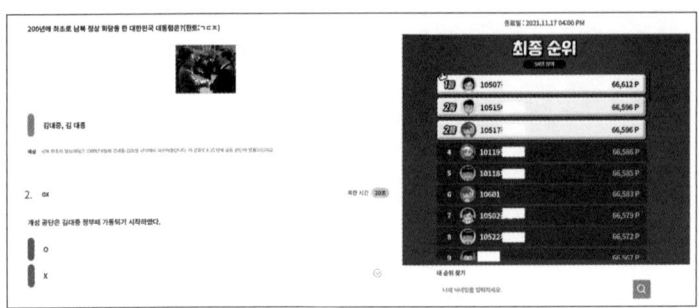

▲ 여는 퀴즈 예시와 최종 순위 모습

 여는 퀴즈는 지난 시간에 배운 내용으로 만들까요? 아니면 이번 시간에 배울 내용으로 만들까요? 정답은 '이번 시간에 배울 내용으로 만든다'입니다. 가르쳐주지도 않고 문제를 풀게 하다니, 의문이 드시죠? 하지만 여러 번 푸는 과정에서 학생들은 제가 달아놓은 해설을 참고하면서 새로운 개념에 익숙해지게 됩니다. 초석을 깔아놓는 시간인 셈이지요.

 '한국사 마일리지'는 어디에 쓰냐고요? 10점이 모이면 우리 학교 상점으로 바꿔주기도 하고, 한국사 대형 연표로 바꿔주기도 한답니다. 실질적인 이득이 있으니 학생들은 열심히 마일리지를 적립하려고 참여한답니다.

 이렇게 한바탕 여는 퀴즈 대잔치가 끝나고 나면 본격적으로 오늘 배울 내용에 대한 '빌드업'을 진행합니다. 제가 만든 슬라이드를 칠판에 띄워놓고 관련 자료를 보여주기도 하고, 관련 이야기를 통해 자연스럽게 수업에 스며드는 시간이지요. 또, 오늘 익혀야 할 핵심 키워드가 무엇인지, 반드시 답해야 할 질문이 무엇인지 제시해줍니다. 마치 여행 가이드가 여행지를 소개하듯 오늘 수업에 대해 가이드를 해주는 시간이지요.

> **[주제28] 무단통치와 '문화통치'**
> 1. 디딤학습 및 학습지 검사 :   -> 공부흔적 인증
> 2. 핵심키워드: 무단통치, '문화통치', 헌병경찰제, 조선태형령, 토지조사사업, 회사령, 문관 총독, 보통경찰제, 치안유지법, 산미증식계획
> 3. 오늘의 포인트
>   - 1910's vs 1920's 통치 방식

▲ 빌드업에 사용하는 슬라이드

그다음은 '디딤 학습'하는 시간입니다. 제가 미리 탑재해놓은 디딤 수업 영상을 학생들이 시청하면서 정리하면서 학습지를 채우는 시간입니다. 디딤 수업 영상은 일종의 개념 영상입니다. 오늘 배울 내용을 10분~15분 정도 길이의 영상으로 제가 개학 직전 찍어서 제가 운영하는 유튜브 채널과 카페에 정리해서 올려놓습니다. 저는 1년 치 학습지를 2월에 제본해서 학생들에게 나눠줍니다. 그리고 차시마다 해당 디딤 수업 영상으로 바로 연결되는 QR코드를 학습지에 삽입했습니다.

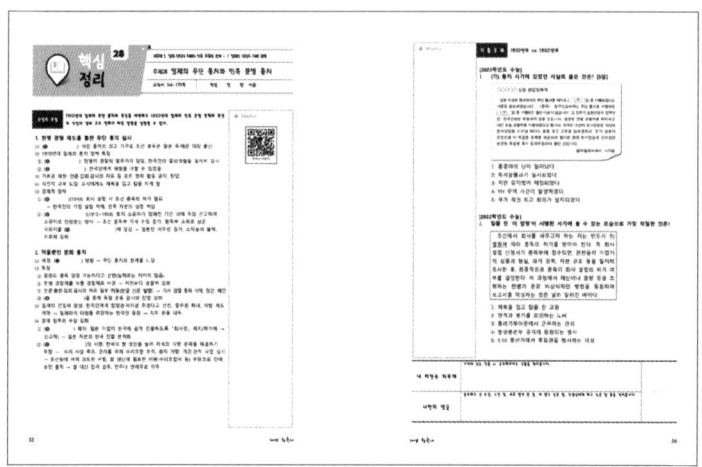

▲ 학습지는 한 차시에 두 면 분량입니다. 한 면은 개념 정리, 한 면은 기출 문제입니다.

　이 시간에 학생들은 각자 속도에 맞춰 디딤 수업 영상을 보면서 스스로 개념 학습을 합니다. 저는 교실을 돌아다니며 어려움을 겪는 학생에게 도움을 주고, 질문에 대해 답변해주기도 합니다.

　디딤 수업 영상은 많은 장점이 있습니다. 시험 기간에 여러 번 보면서 스스로 복습할 수 있습니다. 또, 어떤 이유로 수업에 참여하지 못했어도 스스로 보충할 수 있습니다. 즉, 학습 결손을 보완할 수 있습니다. 등하굣길에 귀로 들으면서 복습하는 학생도 있었습니다. 이처럼 학생들은 언제 어디서든 공부하고 싶은 차시에 대한 디딤 수업 영상을 보고 스스로 공부할 수 있습니다.

학습지를 채우면 검사를 받아야 합니다. 수행평가로 반영되거든요. 그런데 학생들마다 수행하는 속도가 다르겠지요? 그래서 저는 '셀프 검사 셀프 채점 시스템'을 도입했습니다. 학습지를 다 채운 학생은 교탁 앞으로 나옵니다. 저는 빈칸이 있는지 없는지만 확인합니다. 빈칸이 없으면 도장을 찍어 줍니다. 그러면 학생은 교탁 옆에 제가 미리 비치한 명렬표의 자기 이름 옆에 직접 동그라미를 칩니다. 저는 이것을 모아 정산하여 수행평가에 반영하고요.

그런데 앞서 제가 빈칸이 있는지 없는지만 확인한다고 했죠? 그러면 빈칸에 들어갈 단어가 제대로 들어갔는지, 즉, 정답 확인은 어떻게 할까요? 이 역시 '셀프'로 진행합니다. 도장 받고 명렬표에 동그라미를 친 학생은 교실 반대편에 제가 비치해둔 제 학습지가 있는 곳에 가서 스스로 채점합니다. 제 학습지에는 제가 미리 정답을 다 써두었거든요.

▲ 셀프 검사 및 셀프 채점 시스템

여기까지 진행이 되면 수업이 15~20분 정도 남습니다. 이 시간은 즐겁게 복습하고 이야기하는 시간입니다. 디딤 수업만으로는 공부가 다 되었다고 하기 힘들겠죠? 이 단계까지는 그저 개념이 흐릿하게 형성된 상태라고 볼 수 있습니다. 이제 이것을 조금 더 선명하게 만드는 작업을 합니다. 다양한 에듀테크 게임 도구를 활용해서 복습 미션을 진행합니다. 팀전으로 퀴즈를 할 때도 있고, 개인전으로 퀴즈를 진행하기도 합니다. 때로는 두 명, 세 명 모여서 서로 가르치기 활동을 하기도 합니다. 생각할 거리가 있는 주제의 경우에는 열린 질문(예를 들어 '구석기인과 신석기인 중 누가 더 행복했을까?'와 같은 질문)을 주고 서로 생각을 나누기도 합니다. 다양한 게임과 퀴즈 활동으로 학생들은 무척 즐거워합니다. 때로는 진지하게 자기 생각을 정리하여 나누기도 하고, 친구에게 배운 내용을 설명해주면서 뿌듯해하기도 합니다.

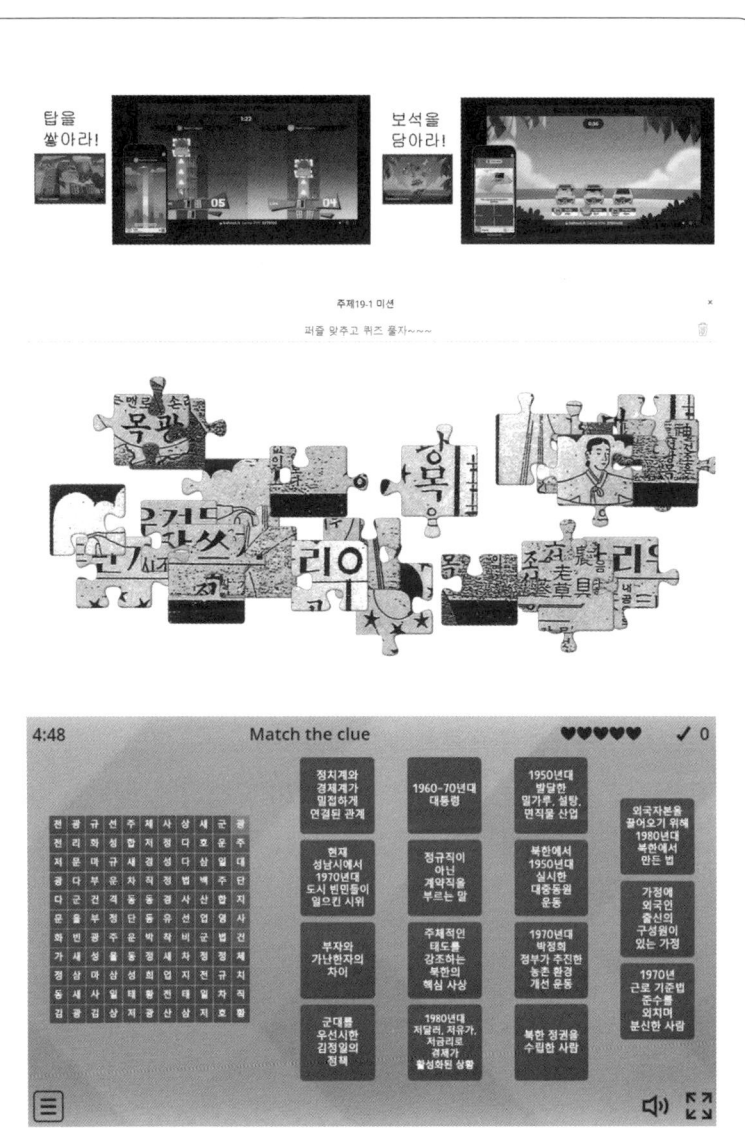

▲ 에듀테크 도구를 활용한 다양한 복습 활동

제3부　　역사 교사는 어떻게 가르치나요?

순위가 기록되는 게임 활동의 경우에도 역시 마일리지를 적립해줍니다. 이때는 순위대로 세 명이나 다섯 명 정도를 선발하여 적립합니다. 즉, 여는 퀴즈는 최대한 많은 참여를 이끌어내는 것이 목적이므로 무작위성을 주지만 복습 퀴즈의 경우는 실력으로 승부하게 하는 것입니다.

환호와 아쉬움의 한숨이 교차할 즈음 저는 마지막으로 생각해볼 질문을 던집니다.

"임진왜란은 이긴 전쟁일까, 진 전쟁일까?"

"왜 가야까지 포함해서 사국 시대라고 하지 않고 삼국 시대라고 할까?"

"예전에 고구려가 차지했던 땅은 우리 나라 땅이라고 봐야 할까?"

"예전에는 당연했으나 지금은 당연하지 않은 것은 어떤 것이 있을까?"(갑오개혁 수업 후)

어느덧 수업 종료를 알리는 종소리가 울립니다. 재미로 시작하여 내용 학습으로, 나아가 뇌근육을 키우는 생각거리로 마무리 짓습니다.

기존의 역사 수업과는 많이 다르죠? 저의 수업은 16년 동안 계속 변해왔습니다. 첫 발령을 받고 5년 동안 제 수업은 여느 수업과 다르지 않았습니다. 그때 저는 구조화된 판서와 재치 있는 설명으로 50분 내내 강의식 수업을 하였답니다. 당시 근무하던 학교가 여고였고, 제가 총각 교사라 학생들은 잘 들어주었습니다. 하지만 어느새 제가 재미가 없어지더라고요. 이렇게 하다가는 재미있게 학교생활을 계속해나갈 자신이 없어졌습니다. 복기해보던 중 수업 시간에 저만 떠들었기 때문에 그렇다고 진단을 내리고 두 번째 학교에서는 수업 방법을 바꾸게 되었습니다. 마침 이 시기에 우리나라에 '거꾸로 수업'이 도입되어 일부 선생님들이 실천하고 있었습니다. 낯선 두 번째 학교에는 당연하게도(?) 저를 아는 사람이 없었습니다. 이것이 오히려 수업을 바꾸는 데 자신감을 불어넣어 주었습니다. 어차피 '망해도' 저를 아는 사람이 없을 것이기에 눈치 볼 필요가 없었거든요.

그렇게 '거꾸로 수업'을 기반으로 제 수업의 시즌2가 시작되었습니다. 미리 디딤 수업 영상을 찍어서 카페에 올려놓습니다. 그리고 학생들은 본 수업 시작 전에 해당 차시의 디딤 수업 영상을 보고 와야 합니다. 본 수업 시간에는 학습지를 채우고 다양한 복습 활동을 모둠별로 진행합니다. 매시간 주제에 맞는, 또 학습 효과가 있는 활동을 준비하는 데에 많은 시간과 노력이 들었습니다. 신규 교사 때보다 더 열심히 수업을 준비했습니다. 항상 제 책상에는 풀, 가위, 타이머 등이 어지럽게 놓여 있었습니다.

이때 제 수업의 목표는 '재미있는 수업을 하자'였습니다. 하루에 단 한 시간이라도 재미있는 수업이 있다면 학생들이 즐겁게 학교생활을 하리라 믿었거든요. 활동을 구상할 때는 흥미 요소를 고민했고, 실제 수업에서 학생들이 모둠별로 활동할 때는 신나는 노래를 틀어주었습니다. 다행히도 학생들은 무척 즐거워했습니다. 그리고 제가 들어가지 않는 학급과 비교해서 시험성적도 비슷하게 나왔습니다. 학습 효과도 있다는 것이 증명된 셈이었지요. 수업 시간이 하루 중 제일 행복했습니다. 길을 가다가도, 밥을 먹다가도 제 머릿속에서는 수업 고민이 이어졌습니다.

그런데 제 마음 한쪽에 한 가지 고민이 해소되지 않은 채 남아 있었습니다. 그것은 바로 '거꾸로 수업'의 특성상 수업 전에 집에서 디딤 수업을 보고 와야 한다는 것이었어요. 그런데 이것은 방과 후에 학원 일정으로 바쁜 학생들에게 부담으로 다가갔습니다. 앞으로 이 부분을 어떻게 해소할지가 제 새로운 과제가 되었습니다.

그에 대한 해답은 뜻하지 않게 찾게 되었습니다. 학교를 다시 옮긴 2020년의 일입니다. 코로나-19가 우리나라를 강타하면서 등교가 연기되고 원격 수업이 시작되는 등 격변의 시기가 찾아왔던 것입니다. 애초에 저는 매년 개학 전에 디딤 수업 영상을 촬영하여 카페에 탑재해놓는 루틴을 지켜왔기에 원격 수업에 쉽게 적응할 수 있었습니다. 다만, 모둠별로 신나게 해오던 복습 활동을 할 수 없게 되었지요. 이때 다양한 에듀테크 도구들을 익히고 사용하게 되었습니다. 오프라인에서 아날로그식으로 진행하던 활동들을 온라인상으로 비슷하게 구현할 수 있게 되었습니다. 그 덕분에 다들 혼란에 빠졌을 때 저는 나름대로 온라인상으로 저만의 수업 루틴을 구축할 수 있었습니다.

  2년이 지나고 다시 정상 등교를 하게 되었을 때 저는 그동안 익혀온 에듀테크 도구들을 버리기가 아까웠습니다. 그래서 어떻게든 오프라인 수업에서도 활용하려고 고민했습니다. 그래서 오프라인 수업에서도 원격 수업 때와 비슷한 루틴으로 수업을 진행하기 시작했습니다. 즉, 디딤 수업 영상을 볼 시간을 아예 본 수업 시간 안에 집어넣은 것이지요. 그리고 복습 활동도 에듀테크 도구를 활용하였습니다. 저와 학생들의 몸은 교실에 있지만 각자의 디바이스를 가지고 활동에 참여하는 것이지요(물론 디바이스 없이 하는 활동도 있습니다).

  이렇게 진행하다 보니 꽤 안정적으로 수업을 운영할 수 있게 되었습니다. 저도 학생들도 편안하고 즐겁게, 효율적으로 수업을 진행하고 있었습니다. 갑자기 무언가 빠진 느낌이 들었습니다. 너무 재미와 내용 학습에 몰두하고 있었던 것입니다. 제 수업이 학생들의 현재 삶과 전혀 연결되는 느낌이 없었습니다. 그래서 수업 시작이나 끝에 학생들의 뇌근육을 자극할 수 있는 열린 질문을 던져주기 시작했습니다. 심도 있는 토의를 하지 않더라도, 생각할 시간만 주거나 짝대화만 하더라도 학생들은 충분히 자극받고 있다는 것을 알 수 있었습니다. 매 학기 수업 종료 후 수업 후기를 받는데, 이때 삶과 연결된 질문이나 생각할 거리를 던져준 것이 인상적이었다고 적어낸 학생들이 상당히 있었던 것으로 보아 어느 정도 제 목표가 달성되었다고 생각하게 되었습니다.

    정리해보면, 저는 교직 생활 초반에는 내용 학습에 치중했다가 그 이후에는 흥미에 초점을 맞췄습니다. 그리고 이제는 온오프라인을 융합하여 효율을 높이고 의미를 생각해보는 수업에 집중하고 있습니다. 내용, 흥미, 의미의 세 요소를 모두 담은 일품 수업을 지향하고 있답니다.

    늘 새로운 도전이었습니다. 그리고 매 순간 용기가 필요했습니다. 한 가지 고민을 해결하면 또 다른 고민이 생겨났습니다. 앞으로도 고민은 계속 생겨나겠지요. 막막한 벽에 부딪힐 때면 '안 되는구나'라고 생각하기보다 '어떻게 해결할 수 있을까?'를 고민하는 교사가 될 것입니다. 현재의 편안함에 안주하기보다 '사서 고생하며' 제 수업을 발전시켜 갈 것입니다. 제 고민의 깊이만큼 학생들이 성장할 테니까요.

윤상민의 수업: 역사, 외우지 말고 사용하세요!

'설민석, 최태성, 이다지'

일타 강사가 되고 싶었습니다. 사교육의 도움이 필요 없는, 제대로 된 공교육을 만들고 싶었습니다. 제 수업만으로도 한국에서 이뤄지는 모든 역사 관련 시험을 대비할 수 있는 교사. 저는 그런 교사가 되기를 간절히 바랐습니다. 4년이라는 긴 시간을 투자했고, 결국 어렵게 임용고시에 합격했습니다.

드디어 제 꿈을 펼칠 기회가 찾아왔습니다. 청운의 꿈을 안고 공교육에 첫발을 내디뎠습니다. 이미 짐작하셨겠지만, 현실은 역시 냉혹했습니다. 제가 오랜 시간 공들여 준비한 강의식 수업은 교실에 앉아 있는 학생 중 3분의 1 정도에게만 의미가 있었습니다. 다른 3분의 1은 졸린 눈을 비비며, 이미 잠든 육신을 깨우려 애쓰고 있었고, 또 다른 3분의 1은 수업 내용엔 전혀 관심이 없었습니다. 시험도, 수행평가도 그들에겐 아무 의미가 없었습니다.

그래서, 수업의 결을 바꾸기로 마음먹었습니다.

'중학교에서는 화려한 언변이나 도식화된 수업만으로는 아이들을 사로잡을 수 없겠구나. 아이들이 재미있게 참여할 수 있는 수업을 만들어보자.'

그때부터 모든 수업을 모둠 활동 중심으로 기획하기 시작했습니다. 온갖 연수에 참가하며, 재미있고 새로운 활동들을 찾아다녔습니다. 아이들이 수업 시간에 더 적극적으로 참여할 수 있도록, 강의 영상을 미리 제작해 제공하는 '거꾸로 수업'도 도입해봤습니다. 그 결과, 놀라운 일이 벌어졌습니다. 제 수업 시간에 자는 아이가 단 한 명도 없었어요. 심지어, 아이들은 수업을 무척 즐거워했습니다.

'와! 자는 아이가 하나도 없네! 이게 바로 살아 있는 수업이지. 이제야 내 수업의 방향을 찾았구나!'

자기만족(?)에 한껏 빠져 있던 어느 여름방학. 아이들이 좀 더 쉽게 이해하고 기억할 수 있도록, '비주얼 씽킹'을 활용한 수업자료를 만들던 중이었어요. 그때, 마침 저희 집에 놀러 온 고등학교 친구가 제 자료를 들여다보다가 툭 한마디 던졌습니다.

"이게 수업자료야? 왜 이런 걸 해?"

저는 순간 웃으며, '이게 바로 비주얼 씽킹이라는 거야!' 하고 멋지게 설명해주려다… 문득 멈췄습니다. 이 수업을 통해 아이들에게 정말 무엇을 전달하고 싶었던 건지, 단 한 번도 생각해본 적이 없었습니다. 그저 잘 암기해서 시험을 잘 보게 하는 게 목표였으니까요. 자는 아이들을 다 깨워서, 재미있는 활동 속에서 역사적 사건을 하나라도 더 외우게 만드는 것. 그게 정말 역사 수업의 궁극적인 목표일까요?

그동안 저는 역사 교육을 '시험을 위한 도구'로만 여겼던 것 같습니다. 공부는 시험을 잘 보기 위해 하는 것이며, 그 이상도 이하도 아니라고 믿었어요. 솔직히 말하면, 그런 생각조차 깊이 해본 적 없었습니다. 그런 저에게 전환점이 찾아온 건, 친구를 만났던 그해 여름방학이었습니다. 그때부터 저는 역사 수업의 진짜 목표가 무엇인지에 대해 깊이 고민하기 시작했어요. 그리고 여러 해에 걸쳐, 제 나름의 답을 조금씩 찾아가기 시작했습니다.

그 여름방학 이후로 몇 해가 지난 지금도, 아직 명확한 답을 찾지는 못했습니다. 하지만 적어도, 수업과 평가에 대한 제 나름의 원칙은 세울 수 있었습니다. 이제는 아이들의 암기력이나 시험성적, 문제 풀이 스킬보다는 제가 세운 그 원칙에 부합하는 수업을 구성하려고 노력합니다.

> **역사 교사 윤상민이 생각한 역사 수업의 원칙**
> ↳ 암기력을 테스트하는 방향의 수업과 평가를 하지 않을 것
> ↳ 역사학은 인간을 이해하기 위한 도구이며, 역사 수업 또한 그 도구로서 기능해야 한다는 것
> ↳ 과거의 사실을 나열하지 말고, 과거가 어떻게 현재를 구성했는지를 이해시켜야 한다는 것
> ↳ 그리고 그렇게 구성된 현재 또한 절대적이지 않기에 얼마든지 개선해나갈 수 있음을 알려줄 것
> ↳ 궁극적으로 더 나은 공동체를 만들기 위해 개인의 역량을 길러주는 수업이 되어야 한다는 것

교직 11년 차가 된 지금에서야 제 수업의 색깔이 조금씩 분명해진 것 같습니다. 진공상태에서는 아무 일도 일어나지 않습니다. 창의적 사고든, 비판적 사고든, 시민의식이든 머릿속에 '무엇'인가가 있어야 비로소 드러나는 것이죠. 그래서 저는 최소한의 강의식 수업은 반드시 필요하다고 생각합니다. 또, 그 머릿속에 어떤 지식이 들어 있는지를 확인하는 평가 역시 필요하죠. 하지만, 그 비중은 최소한으로 구성합니다.

저는 항상 오지선다형 지필평가를 전체의 30% 정도로만 반영합니다. 진짜로 중요한 건 수행평가라고 생각합니다. 수행평가의 비중은 70% 정도로 계획하고 있어요. 이 평가는 배

운 내용을 바탕으로 역사적 사건이나 현재 이슈에 대해 본인의 생각을 논리적으로 서술하는 방식입니다. 그리고 수업 또한, 이 수행평가를 준비하는 방향으로 구성합니다. 모범답안은 있을 수 있겠지만, 오지선다형 문항처럼 딱 떨어지는 '정답'은 존재하지 않습니다.

> **역사 교사 윤상민이 생각한 역사 수업의 주제**
> ↳ 경제구조의 변화는 어떤 정치구조의 변화를 가져오는가? (로마의 정치체제)
> ↳ 프랑스 혁명 당시 나폴레옹의 통치는 정당한가?
> ↳ 한, 중, 일 동아시아 공통화폐를 제작한다면 어떤 인물이 들어가야 할까?
> ↳ 과거의 기후변화와 왕조의 흥망성쇠의 상관관계를 토대로 미래를 예측해보세요.
> ↳ '기후불평등'이라는 개념을 과거의 역사적 사건과 관련하여 설명하세요.
> ↳ 현재 사회에서는 반대하지만 먼 미래에는 합리적으로 보일 수 있는 주장은 무엇이 있을까?
> ↳ 공익을 위한 사유재산 침범은 정당할까? (광종의 노비안검법)

역사는 그 어떤 교과보다 실용적인 과목입니다. 역사를 배운 사람과 배우지 않은 사람은 공동체 사회에서 전혀 다르게 기능하게 됩니다. 공동체를 더욱 건강하고 안전하게 만들기 위해 필요한 것은 법과 제도가 아니라, 인식의 전환입니다. 그리고 그러한 인식의 변화는 과학 기술이 아니라 인문학적 이해에서 시작되며, 그 한 축을 역사가 담당합니다.

우리 공동체는 하나의 모둠 과제입니다. 이 모둠 과제가 성공적으로 완수되려면, 모둠원 모두의 역량이 고르게 높아야 합니다. 만약 대부분의 역량이 낮고, 소수만 뛰어나다면 그 뛰어난 소수는 과도한 짐을 짊어지게 되고, 결국 모둠 전체가 실패에 이르게 됩니다. '이것이 교수님들의 모둠 과제다'라는 밈이 있습니다. 역량 있는 사람들이 모였을 때, 그 시너지 효과는 상상을 뛰어넘습니다. 예상치 못한 멋진 결과물이 나오지요.

우리 공동체도 마찬가지입니다. 상상 이상으로 발전할 수 있습니다. 그러기 위해서는 공동체 구성원 모두가 사람다운 사람으로 기능해야 합니다. 역사는 그 길을 알려줍니다. 암기하지 마세요. 사용하세요.

정태윤의 수업: 읽고, 나누고, 쓰는 역사 수업

20년 후의 나

2006년, 대학을 졸업하고 역사 교사가 된 지 어느덧 20년 가까운 시간이 흘렀습니다. 그동안 다섯 개 지역에서 근무했고, 여덟 개 학교를 경험했으며, 세 해의 휴직과 두 아이의 부모가 되는 시간도 겪었습니다. 그렇게 시간이 흐르며, 처음의 저와 지금의 저는 많이 달라졌습니다. 솔직히 고백하자면, 지난 교사 생활은 제 안의 '역사 교사로서의 정체성'이 점점 열어지는 과정이었습니다. 초임 교사였던 시절에는 4월엔 4·19 혁명, 5월엔 5·18 민주화운동, 6월엔 6월 민주항쟁과 관련된 계기 수업을 빠짐없이 챙겼습니다. 역사 내용을 충실히 전달하는 것이 교사의 중요한 임무라고 믿었으니까요.

그러던 어느 날, 저의 신념을 바꾸는 일이 일어났습니다. 전날 학생부에서 "학생들의 교복 착용 상태가 불량하니, 담임 교사가 아침에 꼭 점검하라"는 지시가 내려왔습니다. 그 메시지를 학생들에게 전달하던 순간, 문득 이런 생각이 들었습니다. '지금 내가 하는 이 행동이, 과거 독재 정권 시절 경찰의 복장 단속과 뭐가 다르지?' 그 순간 깨달았습니다. 수업을 통해 민주정치의 역사를 아무리 잘 가르쳐도, 학생들이 살아가는 학교 공간이 민주적이지 않다면 그들은 진짜 민주주의를 배울 수 없다는 것을.

다음 날부터 저는 교실을 민주적인 공동체로 만들기 위한 실천을 시작했습니다. 조례 대신 학급회의를 열어 서로 대화하며 알아가기 시작했고, 교사로서 제가 가진 권력을 학생들에게 돌려주기 위해 노력했습니다. 이러한 저의 시도는 2013년부터 지금까지 계속되고 있습니다.* 아침마다 나누는 대화 속에서, 말을 하지 않는 아이들이 점점 궁금해졌습니다. 그 아이들을 이해할 방법이 필요했습니다. 그즈음 '신경다양성'이라는 개념을 만나며, 저는 또 하나의 새로운 길을 발견했습니다. 지금은 이 개념을 배우며, 장애학생과 비장애학생이 함께 참여할 수 있는 수업을 고민하고 있습니다.

---

* 교실을 민주주의 공동체로 만들기 위한 저의 시도는 다음 두 문헌에서 확인할 수 있습니다. 정태윤·윤종필, 「민주주의 학급운영의 설계와 그 효과: 학급회의를 중심으로」, 『열린교육연구』 26, 2018.; 정태윤 외, 『학교자치를 말하다』, 에듀니티, 2021, 28~83쪽.

독서 수업과 나

학교마다, 교실마다, 학생마다 다른 교육과정과 수업 방식이 사용되어야 한다고 생각합니다. 학교에 100명의 학생이 있다면, 100개의 교육과정이 있어야 맞습니다. 물론 제 생각이 너무 이상적이라는 것을 잘 알고 있습니다. 그래서 저 역시 제대로 실천하지 못하고 있습니다. 하지만 할 수 없다고 해서, 그것이 틀린 것은 아닙니다. 우리는 언제나 완성을 향해 나아가야 하니까요.

저는 학생 각자에게 맞춤형 교육과정을 제공하지 못하는 것이 늘 미안합니다. 그래서 수업 중 잠깐이라도 '한 학생을 위한 수업'을 하려고 노력합니다. 엉뚱한 질문이라도 고마운 표현으로 받아들이고, 그에 대해 최선의 답을 찾아 함께 고민합니다. 미흡한 수행평가 결과물 속에서도 그 학생이 성장할 수 있는 가능성을 찾아보고 이야기를 나눕니다.

학생은 변화시켜야 할 대상이 아니라 대화의 상대입니다. 그렇게 생각하니, 학생과 동등한 위치에서 이야기를 나눌 수 있고, 서로를 이해하고, 도움을 주고받을 수 있게 되었습니다.

사실… 고백하자면, 저는 수업 시간에 딴짓(?)을 많이 하고 있습니다. 학생들과 함께 일주일에 20분 이상은 꼭 책을 읽습니다. 『함께 읽기는 힘이 세다』(정태윤 외, 서해문집, 2014)라는 책에, 아이들과 처음 독서 수업을 한 경험을 담은 적도 있습니다. 지금은 그때와는 조금 다르게 독서 수업을 하고 있어요. 처음에는 역사책을 들고 들어갔지만, 이제는 학생들이 읽고 싶어 하는 책과 제가 읽은 책을 함께 가지고 들어갑니다. 매달 신청을 받아 책을 보충하고, 제가 재밌게 읽은 책도 소개합니다.

독서 시간엔 저도 함께 책을 읽습니다. 주로 교육이나 육아에 관한 책을 읽게 되는데, 그러면 아이들이 더 예뻐 보입니다. 떠드는 아이는 '활기찬 학생'으로, 소극적인 아이는 '말 걸어주길 기다리는 학생'으로, 자는 아이는 '에너지를 충전 중인 학생'으로 보입니다. 학생이 이렇게 보이면, 기분 좋게 들릴 단어를 골라 이야기할 수 있고, 상냥한 말투로 말할 수 있으며, 즐거운 분위기를 만들어 좋은 관계부터 쌓을 수 있습니다. 그리고, 교사와 학생 사이에 관계가 좋아지면 수업의 성공 가능성은 훨씬 높아집니다. 아이들이 제 이야기에 귀를 기울여줄 테니까요.

또한 독서는 수업 시간에 잠을 선택한 아이들에게 말을 거는 수단이 되기도 합니다. 특성화고등학교에서 근무하던 어느 날이었습니다. 수업이 너무 조용해서 '잘 듣고 있나 보다' 했는데, 알고 보니 반 이상이 수면을 취하고 있었던 거예요. 그들을 이해하고 싶어서 『수업시간에 자는 아이들』이라는 책을 읽었습니다. 그 책에서 저자는 수업 중 수면 행위에 대해 다음과 같이 분석합니다.

내가 이 연구를 통해 알게 된 것 중 하나는 수업시간에 자는 행위가 저항보다는 무기력에 가깝다는 것이다. 내가 만나본 학생들 중 저항 행위로서 수업시간에 자는 학생들은 별로 없었다. 더욱이 자신의 권리를 박탈하고 있는 기존의 시스템을 공전시키기 위한 상징적 저항으로서 수업시간에 잔다고 해석할 수 있는 사례는 찾아보기 힘들었다. 나는 아이들의 자는 행위가 저항이면 차라리 다행이라고 생각한다. 왜냐하면 저항은 새로운 시스템에 대한 기대를 포함하는 것이기 때문이다. 그렇지만 수업시간에 자는 행위가 무기력이라면, 무기력한 아이들에게 학교와 교실을 바꿀 힘을 기대하기 어렵다.**

연구자의 분석에 저의 경험을 보태겠습니다. 잠을 선택하는 학생의 속마음을 들여다보면 '자존감'이 훼손되어 있습니다. 그동안 학교에서 이루어진 교육 활동에서 인정받지 못한 경험이 그들의 마음에 생채기를 남겼습니다. 엎드려 있으면서 '내가 수업시간에 잠을 자서 공부를 못하는 거야'라고 최소한의 자존심을 지키려고 합니다. 위협적인 상황에서 거북이가 껍질 속으로 들어가듯이 아이들은 수업이 나를 공격할 때 웅크려서 자신을 보호하고 있습니다. 이렇게 생각하니 엎드려 있는 학생 주변에 투명한 보호막이 보이기 시작했습니다.

보호막을 뚫고 들어가 얼굴을 책상에 파묻고 있는 학생에

** 성열관, 『수업시간에 자는 아이들』, 학이시습, 2018, 11~12쪽.

게 "이 책 재밌는데 한번 읽어볼래? 너를 위해 내가 특별히 준비했어!"라고 말하며, 책 한 권을 권합니다. 교실에 존재하는 모든 사람에게 맞춘 수업을 준비하는 것은 불가능하지만, 한 사람에게 맞는 책을 고르는 것은 그리 어렵지 않습니다. 학생의 자존심을 지켜주면서 배움을 유도할 수 있는 좋은 수단이 바로 책입니다. 그래서 저는 오늘도 아이들과 대화하기 위해 책을 가지고 교실에 들어갑니다.

글쓰기 수업과 나

저는 이오덕 선생님의 글쓰기 철학에 영향을 받아 아이들이 생각과 감정을 솔직히 쓰는 일을 수업마다 진행합니다. 역사를 소재로 삼아 학생들의 생활을 묻고 대답에 따라 제가 아는 것을 이야기합니다. 역사를 주제로 생각하고 글로 표현하는 일은 어렵습니다. 역사가는 출처 확인, 확증, 맥락화, 증거 사용의 역사 탐구 과정을 수많은 시간 동안 수행하여 연구 주제와 관련된 역사를 서술합니다. 반면 학생은 일주일에 2~3시간밖에 역사를 접하지 못하고, 다른 공부도 해야 해서 역사적으로 사고하는 방법을 익히기가 힘들 수 있습니다. 학생들에게 쉬운 방법을 써야 합니다.

인간은 누구나 자신이 살아온 과정을 가장 잘 압니다. 사람들은 "내 인생을 글로 쓰면 책 한 권이야!"는 말을 곧잘 하는데요. 말로만 하지 말고 실행해야 합니다. 10년 이상 세상을 겪어 온 학생이라면 책의 8분의 1은 채울 수 있을 것입니다. 아이들에게 그 정도 분량을 기대하지는 않고 500자 이상만 써도 좋겠다고 생각했습니다.

전에도 수업에서 자신의 삶을 표현하는 질문을 했습니다. 그럴 때면 아이들은 "선생님! 기억이 하나도 나지 않아요!"라는 말을 주로 합니다. 그럴 때마다 저는 답답해하며 머리를 쥐어짜서라도 쓰라고 했지만, 그렇다고 학생들이 좋은 글을 쓰는 것은 아니었습니다. 문득 제 질문이 친절하지 않아서 쓰지 못한 건 아닌지 저를 돌아보게 되었습니다.

더 긴 호흡으로 삶을 돌아보는 과정을 만들어야 했습니다. 역사가는 사료를 가지고 역사를 서술합니다. 학생도 사료를 토대로 자신의 인생을 쓰면 좋겠다고 생각했습니다. 제가 구상한 수업에서 학생들은 자신의 역사와 관련한 세 가지 사료를 생산합니다. 일반적으로 사료는 생산 시점에 따라 1, 2차 사료로 나누는데 저는 생산자에 따라 구분하였습니다.

첫 번째 서술자가 직접 생산한 사료입니다. 예를 들어 『미암일기』는 유희춘이 1567년부터 1577년까지 11년간 쓴 일기로 조정의 사무, 개인적인 일, 부부의 편지 등 당시의 일을 직접 기록했습니다. 이 사료를 통해 조선 시대 문인의 생애를 있는 그대로 느낄 수 있습니다. 제가 만든 '나를 표현하기'는 서술자가 직접 생산한 자료로 내가 바라보는 나에 대한 내용입니다. 내 인생과 관련된 아홉 가지 질문에 대답하면서 나의 과거를 자신이 직접 표현합니다.

내 인생과 관련된 아홉 가지 질문

1. 나의 강점을 서술하세요.
2. 나의 습관에 대해 서술하세요.
3. 내가 닮고 싶은 사람에 대해 서술하세요.
4. 자기 인생에서 가장 중요한 사건에 대해 자세히 서술하세요.
5. 인생 중 가장 즐거웠던 순간을 생각하고 구체적으로 써봅시다.
6. 인생 중 가장 슬펐던 순간을 생각하고 구체적으로 써봅시다.
7. 여행을 갔던 기억을 떠올려 누구랑 같이 가서 무엇을 하고 어떤 것을 느꼈는지 서술해봅시다.
8. 삶을 포기하고 싶었던 순간이 있다면 그 상황과 이유를 서술해주세요.
9. 자신의 꿈에 대해 표현해주세요.

두 번째 사료 유형은 다른 사람의 말을 받아쓴 기록, 즉 타인의 발화를 정리한 자료입니다. 『조선왕조실록』의 바탕이 되는 '사초(史草)'가 그 대표적인 예입니다. 조선 시대의 사관(史官)은 각 지방에서 일어난 일, 왕의 언행, 왕에게 보고된 사항이나 내려진 명령 등을 빠짐없이 기록했습니다. 이렇게 작성된 사초는 훗날 『조선왕조실록』을 만드는 데 기초 자료가 되었습니다.

이를 수업에 적용한 활동이 바로 '다른 사람 인생 써주기'입니다. 학생 두 명이 짝을 지어 서로 인터뷰하며, 상대의 삶을 기록하는 방식입니다. 한 명이 질문하면, 상대방이 대답하고, 그 답변을 상대의 목소리로 대신 받아 적는 형식이죠. 학생들은 마치 사관처럼, '누군가의 인생 기록'을 작성해보는 경험을 하게 되는데요. 이 활동에는 다음과 같은 16개의 질문이 포함되어 있습니다:

> **인생 기록 작성을 위한 16가지 질문**
> 1. 태어난 연도, 월, 일, 시간, 장소, 태어났을 때의 상태
> 2. 가장 어린 시절의 기억
> 3. 지금까지 살았던 지역과 그곳에서의 구체적인 기억
> 4. 나의 가족(또는 가까운 친척)의 이름과 관계
> 5. 가족 중 나를 가장 잘 돌봐준 사람과 그 이유
> 6. 가정을 떠올릴 때 드는 감정과 그 이유
> 7. 다녔던 어린이집~고등학교의 추억
> 8. 학교에서 만난 사람들의 이름
> 9. 학교에서 나를 인정해준 사람과 그 이유
> 10. 학교를 떠올릴 때 드는 감정과 그 이유
> 11. 가장 특별한 물건과 그 이유

> 12. 내 인생에서 가장 특별한 사람과 그 이유
> 13. 지금까지 좋아했던 일들(관심사 전부)
> 14. 어린 시절의 나에게 해주고 싶은 말
> 15. 미래의 나에게 해주고 싶은 말
> 16. 내 인생을 한 문장으로 표현하기

이 질문들을 서로 번갈아 가며 주고받고, 상대의 답변을 대신 기록하는 것이 이 활동의 핵심입니다. 단순한 자기소개를 넘어서 타인의 삶을 경청하고 기록하는 역사적 감수성을 기를 수 있는 수업입니다.

세 번째 사료 유형은 한 인물에 대해 제3자가 기록한 사료입니다. 대표적인 예가 바로 사마천의 『사기』 중 「열전」입니다. 사마천은 「열전」을 통해 여러 인물의 특별한 사건들을 기록했으며, 그 기록은 특정 시기와 맥락에 따라 구성되어 있습니다. 「열전」을 읽으면 단지 사건만이 아니라 그 인물과 사건에 대한 사마천의 해석과 시각을 함께 엿볼 수 있습니다. 이 사료 유형을 수업에 적용한 활동이 바로 '내 인생 조사하기'입니다. 이 활동은 학생의 삶을 관찰한 제3자(가족, 친구 등)가 학생에 대해 작성한 기록입니다.

방법은 이렇습니다. 학생이 자신을 잘 아는 사람에게 문자 메시지를 보냅니다. "역사 수행평가 '나의 역사 쓰기'와 관련해서 질문드립니다. 되도록 구체적으로 써 주세요"라는 내용으로요. 그렇게 보낸 질문에 대해 받은 답장을 그대로 옮겨 적는 것이 활동의 핵심입니다. 즉, 다른 사람이 바라본 나의 삶을 '사료'로 받아들이고, 그것을 통해 자신을 성찰하는 방식이죠.

> **나의 역사 쓰기 관련 질문**
>
> 어린 시절(초등학교 입학 전) 나의 모습을 가장 잘 아는 사람에게 '어릴 때 ○○○(본인 이름)에 대한 느낌과 생각나는 일을 적어주세요'라는 질문을 문자로 보내 답변을 적어봅시다.
>
> 초등학생 때 나의 모습을 가장 잘 아는 사람에게 '초등학생 때 ○○○(본인 이름)에 대한 느낌과 생각나는 일을 적어주세요'라는 질문을 문자로 보내 답변을 적어봅시다.
>
> 중학생 때 나의 모습을 가장 잘 아는 사람에게 '중학생 때 ○○○(본인 이름)에 대한 느낌과 생각나는 일을 적어주세요'라는 질문을 문자로 보내 답변을 적어봅시다.
>
> 고등학생 때 나의 모습을 가장 잘 아는 사람에게 '고등학생 때 ○○○(본인 이름)에 대한 느낌과 생각나는 일을 적어주세요'라는 질문을 문자로 보내 답변을 적어봅시다.
>
> 나의 미래를 가장 잘 예측할 사람에게 '○○○(본인 이름)는 앞으로 어떤 사람으로 어떻게 살 것 같아?'라는 질문을 문자로 보내 답변을 적어봅시다.

이제 세 가지 자료를 토대로 '나의 역사 쓰기'라는 글을 완성합니다. 30개의 질문 중 인생에서 중요한 사람, 사건, 장소를 선택해서 써달라고 했습니다. 학생들이 평소 글쓰기 때 50자를 채우기도 버거워했는데, 이 활동에서는 500자를 훌쩍 넘겨 쓰는 경우가 많았습니다. 그것보다 더 흐뭇한 것은 아이들이 신나서 글을 쓰는 과정 자체를 즐긴다는 것이었습니다.

최근에는 글쓰기의 최종 형태라고 할 수 있는 '역사소설 쓰기'를 진행하고 있습니다. 독립운동을 소재로 하여 학생들과 함께 독립운동가의 삶을 찾아주는 작업을 하고 있습니다. 독립 운동사는 역사교육에서 가장 중요한 영역임에도 난해함과 복잡성 때문에 가르치고 배우기가 어렵습니다. 역사 교과서에는 시기마다 어떤 독립운동 단체가 무슨 목적으로 만들어졌는지, 그 단체에 누가 소속되어 어디에서 무슨 일을 했는지가 주로 다뤄집니다.

이런 방식의 교과서 서술은 사람들이 독립운동에 나섰던 개인의 마음가짐보다 행위와 결과에만 집중합니다. '국권 상실'이라는 역사 사건을 마주했을 때 누구는 친일 활동을 하고, 누구는 독립운동에 나서고, 누구는 현실 생활을 유지하기 위해 노력했습니다. 어떤 마음을 가졌는지에 따라 동일한 사안에 대해 다른 선택을 한 것입니다. 그렇기에 우리는 그 마음을 이해할 필요가 있습니다. 단순히 지식과 정보를 토대로 판단을 내리는 것보다 어떤 감정을 느끼고 그것이 어떻게 행동과 연결되었는지 이해해야 합니다. 독립운동가의 마음을 이해하기 위해 '소설'이라는 글쓰기 방법을 사용합니다. 역사소설 쓰기는 7단계로 이루어집니다.

> **역사소설 쓰기**
> 1) 독립운동가 조사하기
> 2) 주인공 선정하고 조사하기
> 3) 소설 서술 기법 사용하기
> 4) 대화문 만들기
> 5) 역사소설 창작 계획서
> 6) 역사소설 작성하기
> 7) 인공지능 활용하여 고쳐쓰기

학생들의 작품과 역사소설 쓰기의 구체적인 방법은 아래 QR코드를 활용하면 확인할 수 있습니다. 학생들이 쓴 소설을 읽는 일은 새로운 모습을 볼 수 있어 재미있습니다. 글은 사람을 다르게 보는 힘이 있습니다. 교실에서 조용히 있는 아이가 화려한 액션 장면이 있는 소설을 쓰고, 친구에게 장난만 치던 아이가 공동체의 안위를 진지하게 고민하는 주제의 글을 쓰기도 합니다. 글을 쓰면 자신도 알지 못했던 내면의 모습이 나오면서 학생에게 감춰져 있던 새로움을 발견할 수 있습니다.

책을 읽다 보면 글을 쓰고 싶어집니다. 처음에는 자신을 표현하는 에세이식의 글을 주로 씁니다. 그러다 보면 다른 삶을 상상하게 되고, 허구를 가미하여 자유로운 표현이 가능한 '소설 쓰기'를 꿈꾸게 됩니다. 역사를 배운다는 것도 그런 게 아닐까요? 처음에는 역사적 사실을 아는 것에 즐거움을 느끼다가, 과거 상황을 머릿속에서 상상하여 재구성하면서 역사의 본질에 다가가는 사고를 하게 됩니다.

소설을 수단으로 역사를 공부하는 활동은 역사를 능동적으로 공부하게 만듭니다. 이야기를 만들기 위해서 역사 인물의 행동을 찾아봐야 하고, 왜 그런 행동을 했는지, 행위의 결과가 무엇인지에 대해 생각해야 합니다. 과거 사건을 그대로 받아들이지 않고 그때 상황을 고려하고, 현재의 관점을 반영하여 역사 서사를 구성하는 일이 바로 역사가가 하는 일입니다. 역사소설 쓰기는 역사가가 하는 일과 비슷하게 학생들이 스스로 역사를 탐구하게 만드는 힘이 있습니다.

▶ 2024년 역사소설 학생 작가 작품

▶ 역사소설 학습지

조재혁의 수업:
교양으로서의 역사 수업

역사 수업은 무엇일까요?

TV 프로그램을 보다 보면, 역사적 사실을 잘못 말해 곤란한 상황에 처한 연예인들을 종종 보게 됩니다. 하지만 시청자와 네티즌은 냉혹합니다. 연예계로 진출하기 위해 학습에 매진할 수 없었을지도 모른다는 점은 그다지 고려되지 않죠. 과연 우리가 살아가는 현실 사회는 다를까요? 아니요, 다르지 않습니다. 사회도 냉철합니다. 이런 사회에서 중심을 잡고 살아가려면 우리 아이들 역시 기본적인 역사적 사실과 사건을 알고 있어야 합니다.

저는 제 교육 철학을 바탕으로, '교양으로서의 역사 수업'을 추구합니다. 이 방향을 선택한 데는 두 가지 중요한 이유가 있습니다.

첫째, 누구나 쉽게 들을 수 있는 수업을 설계하기 위함입니다. 수업에 들어가면 거의 매 학급에서 세 명 정도는 항상 엎드려 있는 모습을 봅니다. 단순히 공부하기 싫어서일 수도 있지만, 어느 정도 지도와 훈육을 해도 참여하지 않는 경우도 비일비재합니다. 왜 그럴까요?

이야기를 들어보면, "수업이 어려워서 내용을 이해할 수 없었다"고 말합니다. 포기해버린 것이죠. 학생들은 각기 다른 환경에서 자라왔고, 교사의 수업을 받아들이는 수준도 다 다릅니다. 그러니 모든 학생을 아우를 수 있는 수업이 필요합니다. 하지만 현실의 공교육에서 학습 능력이 뛰어난 학생에게는 심화 내용을, 배움이 느린 학생에게는 기초 내용을 따로 제공하는 건 매우 어렵습니다. 그래서 저는 누구나 쉽게 접근할 수 있는, '교양으로서의 역사 수업'을 선택했습니다.

둘째, 아이들이 기초적인 지식을 형성할 수 있도록 돕기 위함입니다.

현재 제가 근무하고 있는 학교의 학생들은 한국사 학습의 필요성을 잘 느끼지 못합니다. "선생님, 제 인생에서 한국사는 크게 필요 없는 것 같은데, 굳이 공부를 해야 되나요?"라는 질문을 서슴없이 합니다. 학생들이 예의 없는 것이 아닙니다. 저희 학생들은 특성화고등학교에 다니는 학생들로서 자신들의 전공과목이 더 중요하다는 냉혹한 현실을 잘 알고 있는 것뿐입니다. 중학교 혹은 인문계 고등학교 학생들이라고 한국사 학습의 필요성을 느끼고 있을까요? 그 학생들에게는 국어, 영어, 수학이 있습니다. 즉, 학생들은 우리가 생각하는 것보다 더 한국사에 관심이 없고, 하기 싫어한다는 것이 현실입니다. 그렇기에 더욱더 교양으로서의 역사 수업을 통해 한국사 학습의 필요성을 느끼고, 기초지식을 형성할 수 있도록 지도해야 한다고 생각합니다.

저는 매 학기 수업을 시작할 때, '왜 역사를 배워야 하는가'에 대한 질문부터 던집니다. "여러분은 간단한 역사적 사실조차 모르는 사람을 어떻게 생각하나요?" 그러면 아이들은 "괜찮아요. 상관없어요.", "그래도 너무 모르면 조금 별로예요." 등 다양한 반응을 보여줍니다.

이때 저는 질문을 한 번 더 던집니다. "그런 사람이 여러분이 결혼할 미래의 배우자라면 어떨 것 같아요?" 그러면 이번엔 "좋지 않아요."로 대부분의 의견이 수렴됩니다. 그제야 저는 말을 덧붙입니다.

"역사는 교양이에요. 알지 못하면 무지해 보일 수 있지만, 알고 있으면 똑똑해 보이는 것이 바로 역사예요. 역사적 사실을 모른다고 해서 인생을 잘못 산 것은 아니지만, 한국인으로서 우리 역사의 기본은 알아야 하지 않을까요? 처음엔 기초적인 사실과 사건부터 배우고, 흥미가 생기면 더 깊이 공부해보는 거예요."

이런 설명에 학생들은 어느 정도 동의해주고, 한국사 수업에 더 적극적으로 참여할 듯한 반응을 보입니다. 하지만…. 그 효과는 오래가지 않습니다. 그래서 저는 주기적으로, 왜 역사를 배워야 하는지를 상기시키고, 학습에 자연스럽게 참여할 수 있는 다양한 방법을 계속해서 고민합니다.

교양으로서의 역사 수업의 전제 조건

교양으로서의 역사 수업을 진행하기 위해서는 세 가지 일을 선행해야 합니다.

첫째, 기초적인 사실과 사건을 중심으로 교육과정을 재구성하는 것입니다.

역사 전공자로서 교과서를 보았을 때, '이런 것까지 학생들이 배워야 할까?'라는 생각이 종종 들기도 합니다. 해당 내용이 중요하지 않다는 것이 아닙니다. 학생들이 배우는 교과서에 포함되기에는 그 수준이 매우 높아 적절하지 않다는 뜻입니다. 더군다나 교양으로서의 역사 수업을 지향하며 누구나 쉽게 들을 수 있는 수업을 설계하는 저에게 그토록 깊은 내용은 필요하지 않습니다. 그래서 시대의 흐름을 파악할 수 있는 기초적인 사실과 사건을 중심으로 학습 내용을 재구성하여 학생들의 학습 부담을 줄이기 위해 노력합니다.

둘째, 역사 용어에 대한 해설입니다.

'요즘 학생들은 문해력이 떨어진다', '어휘를 잘 모른다'는 이야기를 한 번쯤은 들어보셨을 것입니다. 이는 시대가 달라져서 생긴 변화라고 생각합니다. 불과 10년, 20년 전만 하더라도 한자 학원이 사방에 있던 것을 기억하시나요? 한 세대가 지나지도 않은 시점에서 한자 학원은 거의 찾아볼 수 없게 되었습니다. 우리 말의 상당수가 한자어로 되어 있는데, 학생들은 한자를 배운 적이 없습니다. 학생들의 어휘력이 부족하고, 문해력이 떨어지는 것이 당연한 결과라고 생각합니다. 물론,

스마트폰의 대중화 그리고 숏츠(짧은 동영상)의 유행도 배경 설명에서 빠질 수 없습니다. 그래서 수업 시간에 역사 용어를 더욱 상세하게 풀어주어야 합니다. 수업을 준비할 때, 가장 고민하는 지점이기도 합니다. "어떻게 하면 이 용어를 쉽게 전달할 수 있을까?"

셋째, 모든 학생을 수업에 참여시키는 것입니다.

단 한 명의 학생도 기초지식이 부족하지 않도록, 교육에서 소외되지 않도록 수업을 설계해야 한다고 생각합니다. 교양으로서의 역사 수업이 기초적인 사실과 사건을 중심으로 하는 것도 적절한 학습 수준을 제시하여 모든 학생의 참여를 독려하기 위함입니다. 또, 학생들의 관심과 흥미를 유발할 수 있는 수업을 설계해야 합니다. 저는 에듀테크를 활용한 수업을 통해 학생 주도의 탐구 활동, 게이미피케이션이 적용된 형성평가를 진행하여 학생들의 적극적인 참여를 유도하고 있습니다.

교양으로서의 역사 수업의 실제

저의 수업은 '전시 학습 확인 ⇨ 본시 학습 내용 ⇨ 학습활동'의 순서로 이루어집니다. 이때, 전시 학습 확인과 학습활동은 에듀테크를 활용합니다. 에듀테크를 사용하는 이유는 크게 두 가지입니다. 학생들의 적극적인 수업 참여를 독려할 수 있고, 기초적인 사실과 사건을 명확히 파악하는 데 도움이 되기 때문입니다. 이때, 활용하는 에듀테크 플랫폼으로는 ThinkerBell과 Kahoot 등이 있습니다. 두 가지 플랫폼 모두 교사가 제작한 문제를 학생들이 풀면서 학습 내용을 확인하는 용도입니다.

먼저 전시 학습 확인입니다. ThinkerBell을 활용하여 전시 학습 내용을 회상할 수 있도록 설계합니다. 오지선다, 단답형 등 간단한 문제를 제시하고, 이를 학생들에게 풀게끔 하는 것입니다. 오늘 배울 내용과 관련된 이전 학습 내용을 떠올려볼 수 있고, 수업 초반 학생들의 주의집중을 끌어모을 수 있습니다. 학급의 모든 학생이 문제를 다 풀면, 해설을 진행합니다. 이 해설은 학생들의 발표로 진행하여 학생들이 학습 내용을 자신의 수준에서 다른 친구들에게 공유할 수 있도록 합니다. 한편, 모든 학생의 문제 풀이가 끝나면, 각 학생의 석차가 나오게 되는데, 이를 학습활동 당시 사용되는 Kahoot에서 활용하여 학생들의 낙인효과를 방지하고, 수업 참여를 독려합니다.

본시 학습에서는 학습지를 활용한 강의식 수업을 전개합니다. 이 과정에서 누구나 쉽게 들을 수 있도록 수업을 설계하는 것이 중요하다고 생각합니다. 학습 내용은 기초적인 사실과 사건을 중심으로 구성하고, 실생활 예시를 제시하여 학생들의 이해를 돕기 위해 노력합니다. 다만 어디까지나 강의식 활동이기에 '교사의 일방적인 수업 독주가 되지는 않을까?' 그리고 '학생들의 역사적 사고력을 함양할 수 있을까?'라는 고민이 들기도 했습니다. 이러한 생각은 학습지 한 부분에 나타나고 있는데, 바로 "오늘의 질문"입니다. 정답이 정해져 있지 않은 질문을 제시하여 학생들이 학습 내용에 대해 생각해보면서 역사의식과 역사적 사고력을 함양할 수 있도록 설계한 것입니다. 학생들은 질문에 대한 답을 생각해보면서 학습 내용을 다시 한번 상기시키고, 더 나아가 자신의 주장을 논리적인 근거와 함께 제시하는 방법도 배울 수 있습니다.

오늘의 질문 예시

Q. 다음은 신라의 삼국통일에 대한 평가이다. 다음 자료를 참고하여 자신의 생각을 근거와 함께 100자 내외로 작성하시오.

Q. 다음은 광해군의 중립외교에 대한 평가이다. 다음 자료를 참고하여 자신의 생각을 근거와 함께 100자 내외로 작성하시오.

Q. 다음은 흥선대원군의 정책에 대한 평가이다. 다음 자료를 참고하여 자신의 생각을 근거와 함께 100자 내외로 작성하시오.

Q. 3·1운동에 참여한 한국인들은 왜 참여했을까요? 만약 여러분들이 그 시대의 사람이라면 3·1운동에 참여할 것인가요?

이 활동에서 중요한 점은 학생들 간 소통과 교류라고 생각합니다. 자신의 의견을 발표하고, 이에 대한 피드백을 받음으로써 주장과 근거를 더욱더 체계화할 수 있으며, 다른 학생들의 의견을 경청하는 과정에서 의사소통 역량을 함양하고, 하나의 사건에 대해 서로 다른 시각이 존재할 수 있다는 것을 학습할 수 있습니다.

　마지막으로 학습활동에서는 Kahoot을 활용하여 학습 내용을 정리합니다. Kahoot은 게이미피케이션을 적용한 교수 학습 플랫폼으로, 교사가 제작한 문제를 학생들이 게임을 통해 풀면서 학습 내용을 정리할 수 있습니다. 예를 들어, 타워 쌓기 게임은 학생들이 문제를 맞히면 블록을 얻게 되고, 그 블록을 많이 쌓은 팀이 승리하는 게임입니다. 게임의 요소가 적용되었기에 학생들이 흥미롭게 학습 내용을 정리한다는 점에서 큰 장점이 있다고 생각합니다. 이때, 저의 강조점은 모둠 활동으로 학습활동을 진행한다는 점입니다. 개인 활동으로 진행하면, 학습 능력이 뛰어난 특정 학생이 매시간 우승을 독점할 것입니다. 이는 다른 학생들의 흥미를 떨어뜨리고, 더 나아가 참여도 또한 떨어뜨릴 수 있다고 생각합니다. 그래서 수업 초반에 진행한 ThinkerBell의 등수를 참고하여 모둠을 구성하고, 모둠별 대항전을 진행합니다.

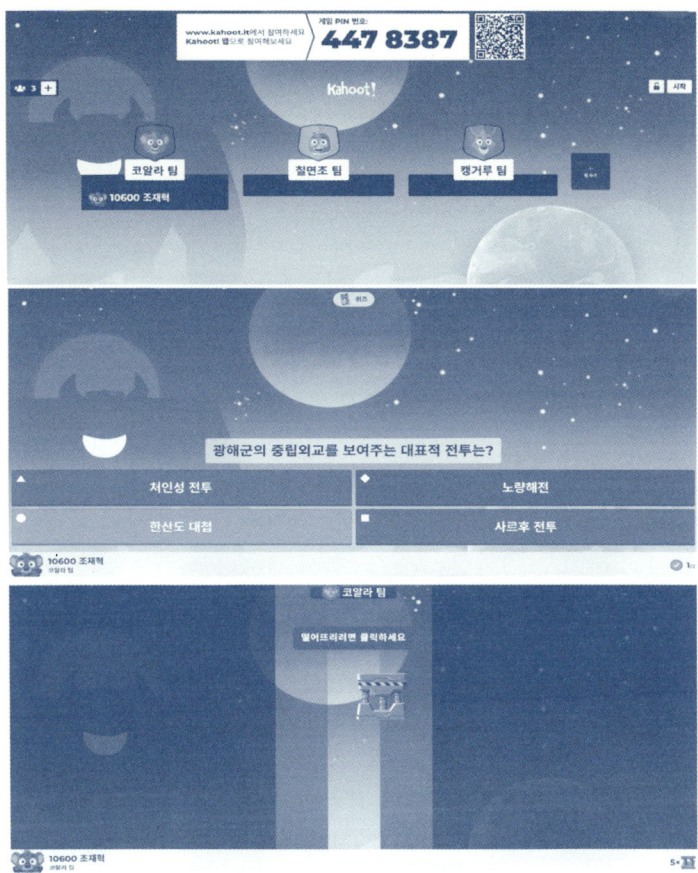

사고력을 키우는 수행평가

교양으로서의 역사 수업에서 가장 우려되는 점은 학생들이 주체적으로 사고하고 탐구하는 시간이 부족하다는 것입니다. "오늘의 질문"을 통해 보완하지만, 절대적인 시간이 부족한 것은 사실입니다. 그래서 수행평가를 통해 학생들이 사고력과 탐구력을 함양할 수 있도록 설계하고 있습니다. 수행평가는 교사가 학생이 학습 과제를 수행하는 과정 및 결과를 보고, 그 학생의 지식·기능·태도를 종합적으로 평가하는 것입니다. 이때, 수행평가는 단순한 평가의 시간이 아닌 학생들이 주체적으로 역량을 강화할 수 있는 시간으로 작용한다고 생각합니다.

 매 학기 인물 탐구를 진행하여 학생들이 주체적으로 생각하고 탐구하도록 유도합니다. 특정 시대를 정할 때도 있고, 학습 내용에 벗어나지 않는 수준에서 자유롭게 선택권을 부여할 때도 있습니다. 사실 어떤 인물을 탐구하느냐는 크게 중요하지 않다고 생각합니다. 인물의 생애와 업적을 기초 자료로 조사하고, 이를 기반으로 인물에 대해 평가하는 것이 중점이 됩니다. 특히, 인물에 대한 평가는 각 학생이 자신의 역사의식과 역사적 사고력을 바탕으로 주체적으로 내리는 것이기에 답이 정해져 있지 않아 사고력과 탐구력을 향상하는 데 크게 기여할 것입니다. 다만, 역사적 평가를 내릴 때는 근거를 함께 제시하여 자신의 주장이 논리적인 설득력을 갖출 수 있도록 지도해야 합니다.

성찰하고 변화하는 수업

저는 아직 교단에 첫발을 디딘 날이 생생하게 떠오를 만큼, 경력이 길지 않은 교사입니다. 임용고시를 준비할 때를 돌이켜보면, 교사의 책무와 고민에 대해 깊이 있게 생각하지 못했던 것 같습니다. 그래서인지 합격 후 본격적으로 수업 준비를 하게 되자 많은 고민이 한꺼번에 밀려왔습니다.

'학생들을 위한 수업이란 어떤 것일까?'
'어떤 방식과 방향으로 수업을 구성해야 할까?'

이처럼 명확한 정답이 없는 고민이라 더 막막했습니다. 결국, 스스로 수업의 정체성을 찾아야 한다는 사실을 깨닫게 되었습니다.

그때부터 선배 교사들의 수업 연수를 찾아다니며, 제 수업의 방향을 잡기 위해 고민을 거듭했습니다. 그 과정에서 박순화 선생님의 연수를 듣게 되었고, 다양한 에듀테크를 활용한 수업 방안을 배울 수 있었습니다. 지금 제 수업의 많은 부분은 박순화 선생님의 수업을 모델로 삼고 있습니다.

시간이 흐르면서 나름의 교육철학을 투영하다 보니, 같은 틀 안에서 제 색깔이 드러나는 수업으로 변화하고 있습니다. 물론, 수업에 완성은 없으며, '내가 추구하는 수업은 무엇일까?'라는 질문은 저의 마음속에 남아 있습니다.

교양으로서의 역사 수업은 기초적인 사실과 사건을 중심으로 학생들의 참여를 이끄는 수업을 설계하여 학생들이 기초역량을 함양하는 데 그 의미가 있다고 생각합니다. 학생들이 학교 밖에서 역사를 마주쳤을 때, 역사적 논쟁이 불거질 때, 자기 생각을 논리적으로 펼칠 수 있으면 좋겠다는 생각이 이와 같은 수업을 만들어냈습니다.

생각을 논리적으로 말하기 위해서는 어느 정도의 기초지식이 있어야 하고, 그 지식에 대한 자신만의 입장이 있어야 합니다. 전시 학습 확인부터 본시 학습을 지나 학습활동에 이르는 과정에서 이와 같은 교육적 효과를 거둘 수 있는지는 늘 확신하기 어렵습니다. 다만, 수업을 만들고, 매번 성찰하고, 다시 개선해나가는 과정에서 분명 더 나은 방향을 찾을 수 있다고 믿고 있습니다.

교사의 교육철학은 경험과 환경에 의해 변화하고, 발전합니다. 저의 교육철학도 그러할 것입니다. 또, 그렇게 성장한 저의 교육철학은 수업을 또다시 변화시킬 것입니다.

에필로그:
역사 공부가 만만해지는 순간

여러분은 탐정입니다. 실종 사건이 일어났습니다. 여러분은 무엇을 할까요? 일단 현장에 가서 혹시 있을지 모를 범인의 흔적을 찾아볼 것입니다. 지문이 남아 있지 않은지 여기저기 꼼꼼히 살펴보고, 현장 주변에 발자국이 있는지, 또, 범인이나 피해자가 흘리고 갔을 물건들을 찾아보겠죠? 그리고 현장의 CCTV를 확보해서 계속 돌려보면서 범인의 동선을 추측해볼 것입니다.

역사 공부도 이와 같습니다. 과거 사람들이 남겨놓은 흔적들을 가지고 이야기를 재구성해보는 것이지요.

이런 역사 공부의 본질을 모른 채 공부하게 되면 어렵고 지루하게 느껴집니다. 가장 많이 빠지는 함정이 영어 단어나, 수학 공식 외우듯 공부하는 것입니다. 역사 과목의 경우 국어, 영어, 수학 과목과 달리 사교육의 도움을 받는 경우가 거의 없습니다. 역사 과목은 사교육의 도움 없이도 충분히 좋은 성과를 낼 수 있는 과목이기도 합니다. 단, 위에서 말한 역사 공부의 본질을 잘 알아야겠지요.

　역사적 사실은 바뀌지 않습니다. 중학교 때 배웠던 내용이 고등학교 때 다시 반복됩니다. 또 계열성이 강하지 않은 과목이라 어제까지 역사를 공부하지 않았더라도 오늘부터 얼마든지 새로 시작해서 좋은 결과를 얻을 수 있는 과목이기도 합니다.

　즉, 역사 과목의 특성에 맞는 공부 방법을 알고 하고자 하는 의지만 있으면 누구나 다시 시작해볼 수 있는 '만만한 과목'입니다. 그런데 많은 학생과 학부모가 이 사실을 모른 채 지엽적인 것을 '외우기만 하고' 역사 공부 다 했다고 여기는 모습을 보면 안타깝기 그지없습니다. 이 고민은 많은 역사 교사가 안고 있는 고민이기도 합니다.

　우리는 이런 고민을 담아 이 책을 썼습니다. 이 책은 연구서도 아니고, 논문도 아닙니다. 이론적 근거에 따라 쓰지 않았습니다. 대신 이 책에는 지금 이 순간에도 학생들과 학부모를 만나는 현장 교사들의 실전 노하우가 담겨 있습니다. 역사 공부의 어려움에 빠져 있는 학생과 학부모들에게 손을 내밀어 일일이 구하고 싶은 마음을 꾹꾹 눌러 담았습니다.

　이 책의 내용이 '정답'은 아닐지 모릅니다. 그렇지만 '해답'은 될 수 있을 것이라 확신합니다. 시작이 반입니다. 이 책을 집어들었다는 것은 역사 공부를 잘 해내기 위한 첫걸음이지요. 이제 절반을 왔으니 남은 절반만 해내면 됩니다. 충분히 잘 해낼 수 있습니다. 여러분 모두를 응원합니다.

☞ 이럴 땐 이런 책

1. 역사 전체의 흐름을 만화로 재밌게 이해할 수는 없을까?

도서명	저자	출판사	선생님들이 말하는 독서 포인트
박시백의 조선왕조실록 (20권)	박시백	휴머니스트	조선의 역사를 만화로 쉽게 이해할 수 있어요. 입문용으로 최고죠. 『조선왕조실록』 원문이 실려 있어 심화용 도서로도 괜찮아요.
박시백의 고려사 (5권)	박시백	휴머니스트	상대적으로 부족한 고려 역사의 기록을 잘 반영한 책이에요. 내용이 아주 쉽지는 않지만 만화로 그려져 있어서 거부감이 적고, 전체적인 고려사의 틀이 쉽게 이해될 거예요.
고우영의 십팔사략 (10권)	고우영	문학동네	중국 고대사에 대한 설명이 매우 상세하고, 열전 위주로 재미있게 설명해주는 것이 좋아요. 만화이지만 결코 가볍진 않아요.
이원복의 가로세로 세계사 (4권)	이원복	김영사	유럽사, 중국사에 치우치기 마련인 역사 공부를 이슬람, 동남아시아, 아프리카 지역으로 시선을 돌려 재미있게 들려주는 책이에요. 여러 지역의 역사를 두루 공부할 수 있어요.
먼 나라 이웃나라 세트	이원복	김영사	다른 나라의 역사와 문화에 대한 관심을 불러일으킬 수 있는 세계사 만화책이에요. 다양한 나라의 역사와 함께 문화적 특징도 알 수 있어서 좋아요.

2. 역사의 한복판에 있던 사람은 어떤 생각과 마음을 가졌을까?

도서명	저자	출판사	선생님들이 말하는 독서 포인트
국화와 칼	루스 베네딕트	현대지성	서양인의 관점에서 일본 문화의 특유성을 잘 포착한 고전이에요. 일본을 중심으로 현대 세계사의 국제 관계를 이해하는 데 도움이 되지요.
백범일지	백범 김구	돌베개	백범 김구의 일생을 따라가며 한국 근현대사의 주요 장면들을 만날 수 있어요. 한국사 수업에서 배운 배경 지식들을 찾아가며 읽어가면 자연스레 복습도 될 거예요. 한 인물이 격동의 시대를 어떻게 이겨내며 살아내고 성장했는가를 통해 삶의 방향성을 설정하는 데 도움이 되는 점도 좋아요.
죽음의 수용소에서	빅터 프랭클	청아출판사	제2차 세계대전 당시 수용소 생활을 했던 정신의학과 교수이자 병원과장이었던 저자의 경험을 바탕으로 쓴 책이에요. 제2차 세계대전에 대한 자세한 배경지식이 없어도 당시 수용소의 참혹성과 인간이 삶의 위기를 어떻게 이겨나가는 자세를 갖춰야 하는지를 느낄 수 있어서 역사책보다는 철학적 느낌도 있죠. 전쟁사를 공부할 때 단순한 사실 나열에 치우치기 쉬운데, '역사적 공감'을 하며 공부할 수 있도록 해줘요.

3. 역사로 자연 생태계를 들여다볼 수 있을까?

도서명	저자	출판사	선생님들이 말하는 독서 포인트
기후로 다시 읽는 세계사	이동민	갈매나무	세계사의 주요 사건의 원인을 인물과 제도를 통해 알아보는 기존의 역사 서술과 달리 기후와 생태환경적 요소를 중심으로 세계의 주요 사건의 원인을 다시 알아볼 수 있어요. 현재 가장 중요한 키워드인 환경과 역사를 결합하여 새로운 시각으로 역사를 다시 바라볼 수 있는 계기가 될 거예요.
EBS 다큐프라임 인류세: 인간의 시대	최평순, 다큐프라임 〈인류세〉 제작팀	해나무	다큐멘터리를 원작으로 한 책이에요. '인류세'가 곧 인간이 역사적으로 지구에 가한 영향력이 막대한 시대를 의미하는 용어거든요. 얼마나 인류가 자연환경을 파괴하였고, 그 대가가 어떻게 인류에게 다시 돌아올 것인지를 실제 사례를 통해 알려주어 공감하기 좋아요.
클라이브 폰팅의 녹색 세계사	클라이브 폰팅	민음사	최근 유행한 '빅 히스토리' 관점, 생태환경사를 반영한 책이어서, 최근 역사학계의 동향을 알고 싶다면 추천해요. 유럽사를 중심으로 서술되어 있는 점이 다소 아쉽긴 하죠. 그래도 인류가 역사적으로 환경에 어떤 영향을 끼쳤는지를 주요 역사적 사건들을 통해 파악하는 데 도움이 되지요. 2022 개정 교육과정이 지향하는 '혁신적 포용인재' 상 중 한 요소인 '문제해결, 융합'에 걸맞는 책이어서 상위권 대입에 도전하는 학생에게는 다소 어렵더라도 꼭 읽어볼 것을 추천해요.

4. 문화재를 특별한 시선으로 바라보는 방법은 없을까?

도서명	저자	출판사	선생님들이 말하는 독서 포인트
나의 문화유산 답사기 시리즈	유홍준	창비	역사 유적지 답사계의 베스트셀러죠. 한국뿐만 아니라 외국의 답사기로 여러 시리즈로 나와서 골라 읽는 재미도 있답니다. 유적지를 둘러본 저자 개인의 감상과 유적을 바라보는 관점에 대해 담은 책이어서 주관적이긴 해요. 그래서, '내가 봤던 느낌, 관점과 무엇이 다른가?' 비교해보거나 '이런 생각을 하면서 볼 수도 있구나', '이런 포인트를 보면 도움이 되는구나'를 생각하며 볼 것을 권해요. 배경지식이 꼭 풍부해야만 읽는 책은 아니지만, 말이 다소 어렵고, 한자나 전문용어를 사용하는 경우도 많아서 어느 정도 역사적 배경지식을 갖춘 상태에서 읽어보세요.
멈춰서서 가만히	정명희	어크로스	큐레이터인 저자가 유물을 바라보는 따뜻한 시선과 감수성이 담긴 책이에요. 꼭 유물을 역사적 배경지식, 재료, 생김새, 제작자 등의 지적 정보로만 파악하고 바라봐야 한다고 생각하나요? 자신의 삶, 감정, 세상을 바라보는 시선 등과 버물려서 볼 수도 있다는 점을 깨달을 수 있을 거예요. 과거의 것과 지금의 내가 문화재로 연결될 수 있답니다.

| 과학으로 보는 문화유산 | 신은주 | 초록비책공방 | 문화재 보존 전문가가 다양한 우리 문화재를 재료별로 분류하여 과학적 시선으로 역사를 바라볼 수 있도록 색다른 지식을 제공하는 책이에요. 문화재 보존에 관심이 있거나 과거 사람들이 주변의 재료로 남긴 수 많은 것이 문화재라는 깨달음에 한 발짝 다가가고 싶다면 추천해요. |

5. 과거를 어떻게 기억해야할까?

도서명	저자	출판사	선생님들이 말하는 독서 포인트
경성 기억 극장	최연숙	웅진주니어	일제강점기와 역사 왜곡을 소재로 한 초등용 책이에요. 일제강점기를 소재로 하지만, 우리가 역사를 왜 배워야 하고 기억해야 하는지를 느끼게 해줘요. 역사 공부에 대한 동기 부여가 가능하고, 독서 후 토론에도 유용해요. 글의 양도 적절하여 문해력을 키우는 데도 좋죠. 12세 또래의 주인공에 감정이입하여 살펴보는 건 어때요?
다리를 잃은 걸 기념합니다	니콜라우스 뉘첼	서해문집	제1차 세계대전을 소재로 쓴 청소년 대상 역사소설이랍니다. 실제 저자의 외할아버지 이야기를 중심으로 제1차 세계대전의 참혹함뿐만 아니라 과거의 전쟁과 그를 경험한 사람들을 우리가 어떻게 바라봐야 하는지, 평화가 왜 필요한 것인지 등에 대해 생각하게 해요. 역사를 단순히 '사실만 아는 것'이 아니라 사실을 통해서 삶을 이해하고 더 나은 미래를 만드는 데 활용할 수 있답니다.

도서명	저자	출판사	선생님들이 말하는 독서 포인트
나는 독일인입니다	노라 크루크	엘리리	제2차 세계대전을 소재로 다룬 책이에요. 그림과 그래픽, 사진 등이 많지만 번역된 언어들이 다소 어려워서 중학생 이상에게 권해요. 또한, '과거사를 어떻게 청산할 것인가'에 대한 책이라서 제2차 세계대전의 과정을 이해하기 위해서 읽기보다는 역사를 어떻게 '기억'할 것인가의 문제에 대해서 생각하면서 읽어주세요. 우리나라 일제강점기의 역사, 독일과 달리 일본이 사죄와 반성을 하지 않는다는 측면을 비교한 독후 토론 활동 등에도 유용해요.

6. 우리 일상 속에 숨어 있는 역사를 찾을 수는 없을까?

도서명	저자	출판사	선생님들이 말하는 독서 포인트
식탁 위의 세계사	이영숙	창비	음식으로 세계사를 공부할 수 있으니, 세계사가 결코 우리의 삶과 동떨어져 있지 않다는 점을 느낄걸요? 역사를 어렵고 재미없게만 느낀다면 읽어보세요.
국기에 그려진 세계사	김유석	틈새책방	국가의 이름, 수도뿐만 아니라 국기도 국가의 상징물인 만큼 역사적 의미를 가득 담고 있어요. 특히 비슷한 모양이나 색깔, 특이한 무늬가 반영된 국기를 가진 나라들만의 공통점, 차이점을 역사와 연결해 찾아보는 재미가 있어요.

| 세상을 바꾼 전염병 | 예병일 | 다른 | 코로나19로 전염병과 의학에 대한 관심이 커졌죠? 세계사 속 굵직한 전염병의 영향력을 알아볼 수 있는 책이에요. 역사를 알고 현대 기술을 활용하여 미래 사회의 문제 해결의 대비책을 마련할 수 있다는 교훈도 얻을 수 있어요. |

7. 한국 민주주의의 역사를 딱딱하지 않게 살펴볼 수 없을까?

도서명	저자	출판사	선생님들이 말하는 독서 포인트
곤을동이 있어요	오시은	바람의아이들	제주 4·3 사건을 소재로 한 그림책이라 어렵지 않게 사건을 이해하고 공감할 수 있어요. 부모님께서 아이와 함께 읽으면서 간략히 배경 설명을 해준다면, 단순히 주인공이 가엽다는 감상으로 끝나지 않고, 현대사에 대한 관심으로 확장될 수 있어요.
소년이 온다	한강	창비	노벨문학상 수상자인 한강 작가가 광주 민주화 운동을 소재로 쓴 소설로 유명하죠. 역사가 소설의 좋은 소재가 되기도 함을 알 수 있어요. 사건 현장에 있었던 소년의 시점에서 광주 민주화 운동의 전반적인 흐름과 그 속에 얽혀 있는 다양한 감정들을 경험할 수 있죠. 시간의 흐름이 순차적이지 않고 왔다갔다 하고, 저자의 감성적 표현이 이해하기 쉬운 편은 아니며, 잔인한 표현도 종종 있기 때문에, 고등학생 이상이 읽을 것을 권해요.

도서명	저자	출판사	선생님들이 말하는 독서 포인트
L의 운동화	김숨	민음사	1987년 6월 항쟁의 도화선이 된 이한열 열사의 운동화를 복원하는 과정을 담은 소설이에요. 문화재 보존 전문가의 고뇌에 공감하며, 작은 문화유산 하나에도 많은 역사적 이야기가 담겨있음을 알게 해 문화유산의 가치를 느끼게 하는 책이죠.

8. 신화 속에도 역사적 사실이 담겨 있을까?

도서명	저자	출판사	선생님들이 말하는 독서 포인트
신과 영웅들의 전투, 그리스로마 신화	마르첼라 워드	개암나무	고전 중의 고전이므로 필독! 시중에 있는 어떤 책으로 읽든 상관없지만, 이 책은 어린이용으로 나와 글과 그림이 섞여 있고, 신들의 가계도와 지도도 첨부되어 있어 쉽게 이해하며 부모와 아이가 함께 읽기 좋아요.
청소년을 위한 친절한 북유럽 신화	패드라익 콜럼	문예춘추사	게임, 영화 속에서 종종 소재로 활용되는 신화이지만 사람들에게, 특히 학생들에게 익숙하지 않죠. 북유럽 신화를 알고 게임을 하거나 영화를 본다면 지식도 업그레이드되고 더 재밌게 즐길 수 있을걸요?
인도민화로 떠나는 신화여행	하진희	인문산책	인도 미술 전문가가 낯선 인도 신화를 그림과 함께 친절하게 설명해준 책이에요. 인도는 역사가 깊고 다양한 종교의 탄생지죠. 인도 신화가 역사 이해에 도움을 줄 거예요.

9. 역사를 전공하면 뭘 할 수 있을까?

도서명	저자	출판사	선생님들이 말하는 독서 포인트
어떻게 예술 작품을 되살릴까	파비에네 마이어, 지빌레 볼프, 마르티나 라이캄	원더박스	예술품 복원과정을 그림과 짧은 글로 자세하게 다룬 책이에요. 박물관에서 일하는 사람들이 어떤 일을 하는지, 문화재가 손상되면 어떻게 처리가 되어 우리의 눈앞에 보여지는지 등을 알려줘요. 역사 관련 진로를 설정하거나 역사에 대한 관심을 높이는 데, 특히, 박물관에 관심을 많이 가지게 하는 데 도움이 되지요.
한번쯤, 큐레이터	정명희	사회평론	현직 큐레이터의 일상을 따라가며 박물관 큐레이터가 어떤 일을 하는지를 간접 체험할 수 있는 책이에요. 전시를 어떻게 기획 및 준비하는지, 문화유산을 어떤 마음가짐으로 대해야 하는지 등을 경험해보세요.
천 번의 붓질 한 번의 입맞춤	이건무 외	진인진	한국 고고학자들의 발굴 과정의 생생한 이야기가 궁금한가요? 우리나라의 유명 문화유산을 발굴하는 과정에서의 다양한 에피소드를 엿볼 수 있어요. 더불어 고고학자들의 연구 방법도 살펴볼 수 있죠.

10. 인류의 미래는 어떻게 될까?

도서명	저자	출판사	선생님들이 말하는 독서 포인트
지능의 역사	호세 안토니오 마리나	라이팅하우스	인포그래픽, 만화 등을 사용해 인류 지능이 어떻게 변화하고 발전했는지 설명하는 책이에요. 인공 지능의 비중이 늘어나는 현대 사회에서 인간이 현명하게 대처할 수 있는 방법을 생각해볼까요?
사피엔스	유발 하라리	김영사	내용이 가볍지 않고 두께도 상당한 일명 '벽돌책'이에요. '사피엔스 그래픽 히스토리(1~3권)'로 대신 읽어도 괜찮아요. 문화인류학의 측면에서 역사적 내용을 다루는 책이니, 인류 변화의 터닝 포인트가 되는 지점을 공부하고 읽어주세요.
미래가 있던 자리	아네테 케넬	지식의날개	역사학자의 시선에서 과거 사람들의 진보적인 경제 활동을 살펴보고, 지속 가능한 미래 사회를 어떻게 만들어야 할지 대안을 생각해보는 책이에요. 경제, 사회 분야를 역사로 조목조목 알아보는 데 좋답니다.

☛ 선생님은 어떤 유튜브를 보나요?

1. 역사의 전체적인 흐름을 이해하고 싶을 때

연번	크리에이터	주요 주제	추천 주제	링크
1	퍄퍄킴 역사	고양이 캐릭터를 활용하여 한국사, 동아시아사, 세계사를 굵고 짧게 설명 통사뿐만 아니라 주제 중심의 영상도 인상적	한국사 세계사 생활 속 역사	QR
2	로빈의 역사기록	교과서 수준의 한국사, 세계사를 풍부한 자료와 함께 제공	한국사 세계사	QR

2. 하나의 주제를 깊이 있게 보고 싶을 때

연번	크리에이터	주요 주제	추천 주제	링크
3	역사멘터리	전근대 한국사의 주요 전쟁을 소개	고구려 전쟁사	QR
			고려 전쟁사	QR

연번	크리에이터	주요 주제	추천 주제	링크
4	**저스티스**	세계사의 주요 사건들을 얇고 넓게 소개	유럽사(전근대) 미국사(근현대)	
5	**지식해적단**	한국사, 세계사의 주요 사건을 구어체로 유쾌하게 설명	2차 세계대전	
6	**교양만두**	B급 감성으로 역사 등 인문사회와 관련된 내용을 이해하기 쉽게 설명	조선시대 사회·문화	
7	**조승연의 탐구생활**	다른 나라의 역사와 문화에 대해 영상콘텐츠 또는 책을 기반으로 심도 있고 재미있게 풀어서 설명해주는 채널	유럽사 레미제라블로 배우는 프랑스 혁명 1917로 배우는 1차 세계대전	
8	**씨리얼**	현대 사회 문제를 깊이 있게 소개하여 시사점을 제공함	제주 4·3사건	

3. 유명인이 재미있게 알려주는 역사

연번	크리에이터	주요 주제	추천 주제	링크
9	**빠더너스**	현재 이슈와 관련된 한국사, 세계사의 주요 사건들을 유쾌하게 설명	6·25전쟁	

10	침착맨	저명한 교수님을 초대하여 역사적인 주제를 깊이 있고 재미있게 알아보는 시간을 가지는 초대석 컨텐츠를 추천 권위 있는 교수님과 함께하여 무분별하게 잘못 알려진 정보들을 교정할 수 있는 기회까지 제공하여 추천	중국 위진남북조 (삼국지)	QR
			이집트의 역사 (곽민수 소장)	QR
			고려-거란전쟁 (임용한 교수)	QR
			전쟁사의 오해와 진실 (임용한 교수)	QR
			도시의 발생 (유현준 교수)	QR

4. 역사와 함께해서 더욱 값진 여행

연번	크리에이터	주요 주제	추천 주제	링크
11	캡틴 따거	여행 과정에서 역사적 사실과 사건을 소개	중동(이집트, 이스라엘)	QR